一套让所有人都开心的书

脑筋急转弯大全

NAOJIN JIZHUANWAN DAQUAN

BAOXIAOPIAN

爆笑篇

杨明创作室 编绘

湖南少年儿童出版社
HUNANSHAONIANERTONGCHUBANSHE

图书在版编目(CIP)数据

脑筋急转弯大全.爆笑篇/杨明编绘.—3版—长沙:湖南少年儿童出版社,2006.12
ISBN 7-5358-3096-X

Ⅰ.脑… Ⅱ.杨… Ⅲ.智力游戏—少年读物 Ⅳ.G898.2

中国版本图书馆CIP数据核字(2006)第134235号

策划编辑:徐烈军
责任编辑:徐 徐
装帧设计:吴颖辉
质量总监:郑 瑾

出版人:彭兆平
出版发行:湖南少年儿童出版社
社址:湖南长沙市晚报大道89号 **邮编:**410016
电话:0731-2196340(销售部) 2196313(总编室)
传真:0731-2196340(销售部) 2196330(综合管理部)

经销:新华书店
常年法律顾问:湖南成光海律师事务所 张晓军律师
印制:长沙化勘印刷有限公司
开本:880mm×1230mm 1/32
印张:12.5
版次:2006年12月第3版
印次:2006年12月第3版第1次印刷
定价:18.80元

质量服务承诺:若发现缺页、错页、倒装等印装质量问题,可直接向本社调换。
服务电话:0731-2196362

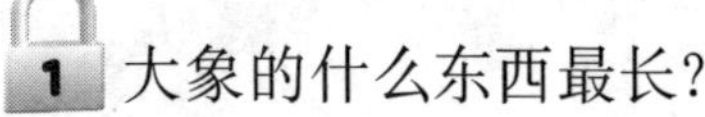
1 大象的什么东西最长?

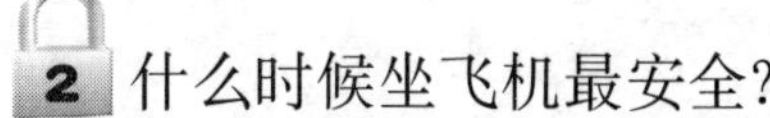
2 什么时候坐飞机最安全?

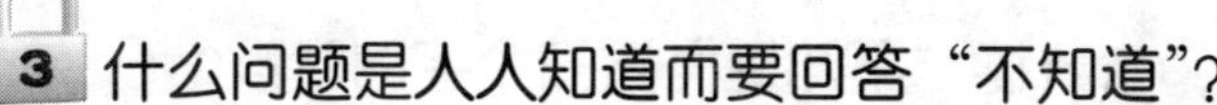
3 什么问题是人人知道而要回答“不知道”?

4 什么声音就在你的身边，你却怎么也听不见?

5 什么人工作最专心?

1 血管。

2 地震的时候。

3 读“不知道”这三个字的时候?

4 自己打呼噜的声音。

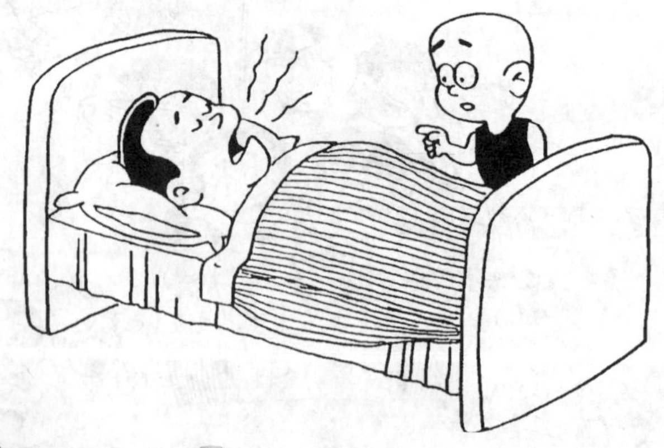

5 心脏科医生。

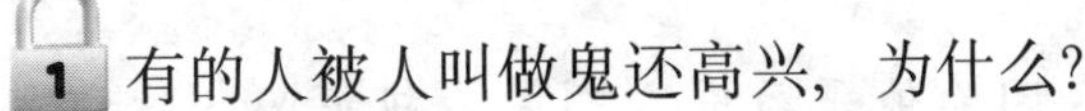

1 有的人被人叫做鬼还高兴，为什么?

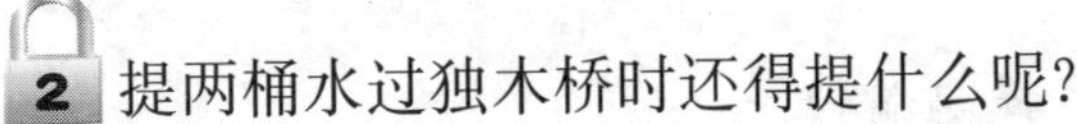

2 提两桶水过独木桥时还得提什么呢?

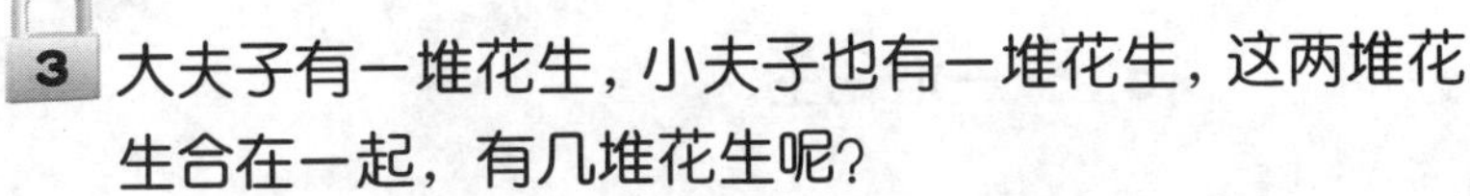

3 大夫子有一堆花生，小夫子也有一堆花生，这两堆花生合在一起，有几堆花生呢?

4 下图的翘翘板的两端分别放着等重量的一个西瓜和一块冰，这时翘翘板是平衡的。你知道最后翘翘板能保持平衡吗?

5 飞机还没有降落，一位旅客就打开门出来了，机上的管理人员见到了，却熟视无睹，这是为什么?

1 因为他是被别人叫做“机灵鬼”。

2 提起精神。

3 一堆花生。

4 能。因为过了一会儿，冰块便开始融化，西瓜那端就下沉，西瓜接着就会滚落，当冰融尽后，翘翘板就又恢复了平衡。

5 旅客从厕所门出来。

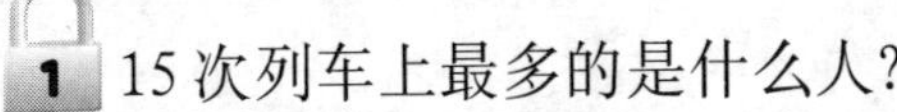
1 15次列车上最多的是什么人？

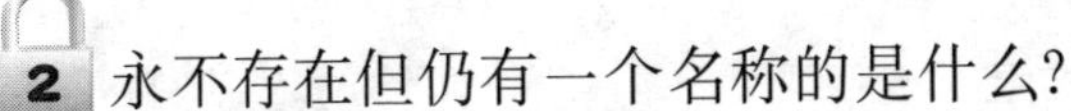
2 永不存在但仍有一个名称的是什么？

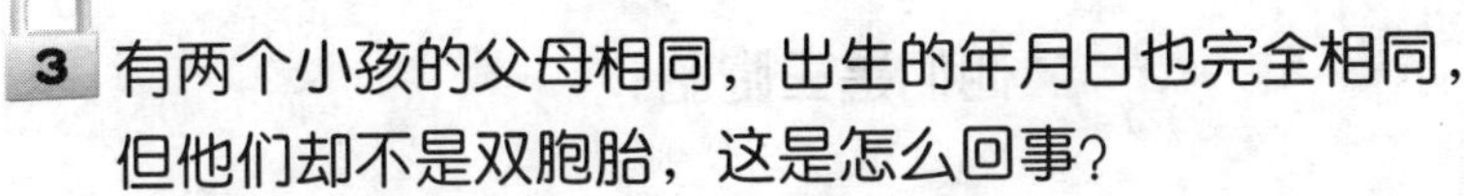
3 有两个小孩的父母相同，出生的年月日也完全相同，但他们却不是双胞胎，这是怎么回事？

4 下面的图形表示一个院子，A处有一个院门，B处表示小明的家，小明说这院子里还有人住得比他家离院门更远，这是为什么？

5 正方体的什么东西会越减越多？

1 乘客。

2 零。

3 他们是三胞胎。

4 小明住在一座高层建筑的一楼，他楼上各层居住的人离大门的距离就都比小明家的远。

5 角。正方体有8个角，如果你切掉一个角，就会出现10个角。

1 什么柱最容易变形?

2 蚊子叮在哪里，你会没有感觉?

3 小夫子有什么办法把手巾扔得比大夫子远?

4 大夫子忘了戴头盔，现在，他有什么最快的办法在骑车时保护他的头?

5 什么人最爱背水一战?

1 冰柱。

2 叮在别人身上。

3 如图所示。

4 如图所示。

5 参加仰泳比赛的人。

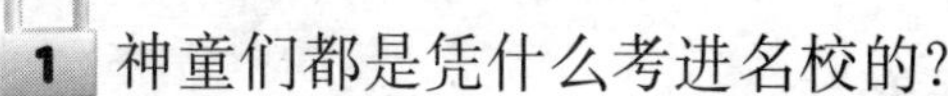

1 神童们都是凭什么考进名校的?

2 炸药是怎么爆炸的?

3 读一年级的小华为数学练习题大伤脑筋，他的弟弟自告奋勇要帮他忙，但是弟弟对数学一窍不通，他为什么能帮助哥哥?

4 为什么小夫子说他见过眼睛在鼻子下面的人?

5 第八届世界马拉松赛第一个到达终点的是谁?

1 凭手和脑。

2 点火爆炸的。

3 他提供手指头给小华数着算。

4 倒立的人眼睛就在鼻子下面。

5 工作人员。

1 什么地方的风气最好？

2 世界上什么珠最多？

3 什么东西最爱压人？

4 手抓长的，脚踩短的，这是在做什么事？

5 一扇没有上锁的门，门后并没有任何物体顶住，老五却怎么也推不开，这是为什么？

1 一流的冷气机和电风扇制造厂。

2 露珠。

3 帽子。

4 爬梯子。

5 这是一扇拉门，可以拉开。

1 什么人最高?

2 什么东西可以给你用来等待明天用?

3 要使水成为冰，最快的做法是什么?

4 什么马立得最稳?

5 小华10岁生日的晚上，他的爸爸却在生是宴上点了十二支蜡烛。这是为什么?

1 顶天立地的人。

2 枕头和床。

3 在“水”字的左边加两点成为“冰”。

4 鞍马。

5 当天晚上停电了，有两支蜡烛是点来照明用的。

1 什么人整天高高在上?

2 小明的成绩不算差，却读了三年的二年级，这是怎么回事?

3 什么动物头像大象，脚也像大象，但不是大象?

4 铁放在外面会生锈，那么金子放在外面会怎么样呢?

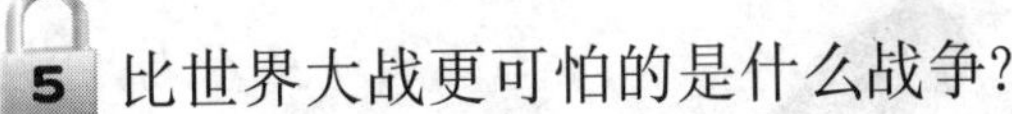

5 比世界大战更可怕的是什么战争?

1 飞行员。

2 他读了小学二年级，中学二年级，大学二年级。

3 小象。

4 会被偷。

5 外星人与地球大战。

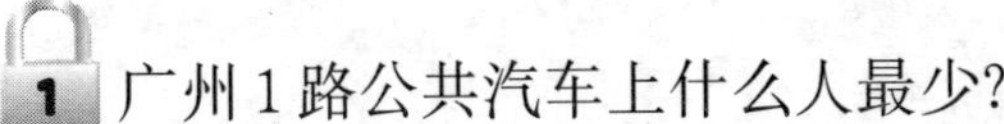

1 广州1路公共汽车上什么人最少？

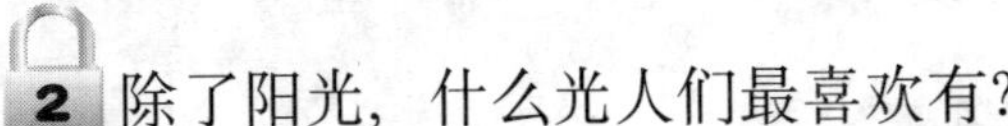

2 除了阳光，什么光人们最喜欢有？

3 小夫子无法劝开两个吵架的女子，他后来想了什么办法呢？

4 大夫子最快的避雨办法是什么？

5 什么马站在骡群和驴群中最容易让人辨认出来？

1 司机。

2 时光。

3 如图所示。

4 如图所示。

5 斑马。

1 小明拿到考卷，看了一会，发现什么最容易写?

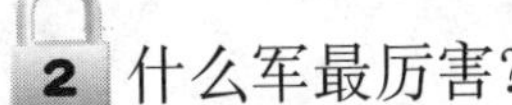

2 什么军最厉害?

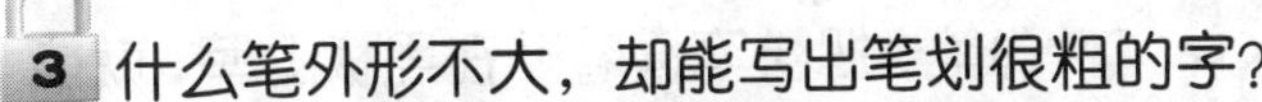

3 什么笔外形不大，却能写出笔划很粗的字?

4 你能用 6 枚硬币摆出一个长方形吗?

5 两个人该怎样站才能在相距仅 3 厘米的情况下能不碰到对方?

1 姓名。

2 冠军。

3 粉笔。把粉笔横着贴在黑板上写，就能写出粗笔划的字。

4 把6枚硬币整齐叠放在一起，再从侧面看就能见到一个长方形。

5 两个人背靠着同一扇门的两个面即可。

1 做什么事只能用一只眼睛看?

2 什么人最不喜欢见到牙医?

3 什么脸最逗人笑?

4 干什么事的人最爱动摇?

5 下雨天，小明为什么要穿牛皮鞋逛街，而不穿雨鞋逛街?

1 测试每一只眼睛的度数。

2 牙医的仇人。

3 鬼脸。

4 扇扇子的人。

5 因为他认为牛出门从来不用撑雨伞，所以牛皮鞋也就能防水了。

1 是什么原因使小明认为月亮比日本离我们要近？

2 本书作者与你有什么相同的地方？

3 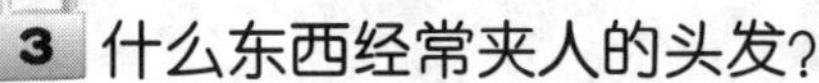
什么东西经常夹人的头发？

4 什么人整天称王称霸？

5 小华在图画课时交了一张全部涂黑的画纸，为什么同学们都说他画的东西很像呢？

1 因为他可以看见月亮，却看不见日本。

2 都是中国人。

3 眼镜。

4 名字叫“王霸”的人。

5 他画的是一块黑板。

1 什么人最爱出洋相?

2 除了电子表，什么表一定是电动的?

3 在什么地方有河有海没有水，有山有地没有土?

4 有两个人，一个面向东，一个面向西地站立着。在不许回头，不许转身，不许照镜子的情况下，他们有可能看到对方的脸吗?

5 三心二意的人是什么人?

1 最爱照相的洋人。

2 电表。

3 地图上。

4 他们面对面地站着即可。

5 多心的人。

1 什么东西能把你家里的每一个角落都填满？

2 人咬什么东西最多？

3 有一幅画大夫子很喜欢，可他没有买，他到底要买什么呢？

4 箩筐已经满得不能再装水果了，大夫子不增加其他物品，却能把地上的水果都装着带回家，他是怎样做的呢？

5 什么东西带着千言万语走千里？

1 烟。

2 自己的牙齿。

3 如图所示。

4 如图所示。

5 信。

1 什么时候你能见到两个月亮?

2 什么肉人们吃得最多?

3 小明和小华是邻居，也是同班同学。他们天天一起去上学时，却一个出门后往左拐，一个出门后往右拐。这是为什么?

4 笑星王和神童强一起在雪地上走，却只留下了一个人的脚印。这是为什么?

5 用洗洁精给小猫和小狗洗澡，谁最害怕?

1 在湖边的时候。

2 家禽的肉。

3 他们是对门邻居。

4 因为笑星王踏着神童强的脚印走。

5 细菌。

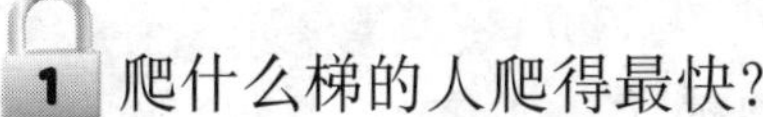

1 爬什么梯的人爬得最快？

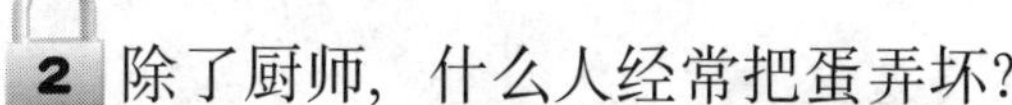

2 除了厨师，什么人经常把蛋弄坏？

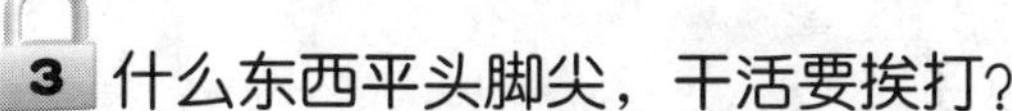

3 什么东西平头脚尖，干活要挨打？

4 7加7等于14，还能等于多少？

5 张三见到地上有张10元纸币和一枚1元硬币，却只去捡1元硬币，为什么？

1 救火车上的梯子。

2 捣蛋鬼。

3 钉子。

4 3和0。

5 张三是个幼儿，他捡硬币来玩。

1 坏人是怎样骗人的?

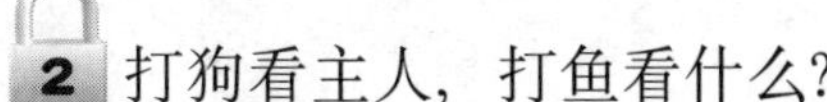

2 打狗看主人，打鱼看什么?

3 什么话越来越多人用?

4 大夫子力大无比。有一次，他的身体并没有任何地方受伤，却不能把一个球扔到2米远的地方，为什么?

5 课堂上老师问小明："我们人类从四肢走路进化到两肢走路，最大的优点是什么?"猜猜小明是怎样回答的。

1 装成好人。

2 看水中。

3 电话。

4 他是顶着大风扔出一个大气球。

5 “可以省一双鞋。”

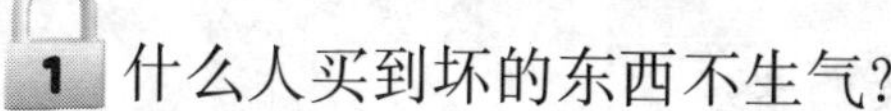

1 什么人买到坏的东西不生气?

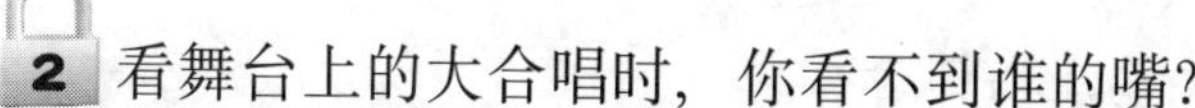

2 看舞台上的大合唱时，你看不到谁的嘴?

3 什么东西的牙每天都发生变化?

4 小夫子把一个鸡蛋扔到20米远的地方时，鸡蛋却没有破碎，这是为什么?

5 当第一缕阳光射进小明的窗时，他就起床了，可他的爸爸还说他懒，为什么?

1 废品收购者。

2 指挥者。

3 月牙儿。

4 因为鸡蛋在离他 20 米远的地方还没有落地。

5 他的屋子是朝西的。

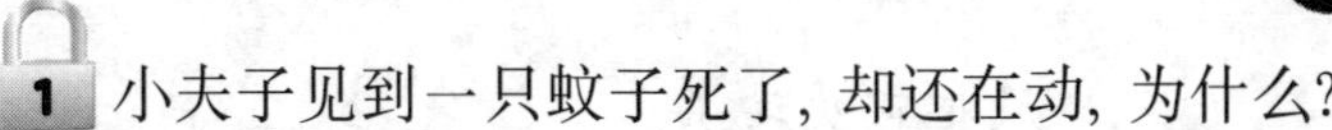
1 小夫子见到一只蚊子死了，却还在动，为什么？

2 上海黄埔江里什么东西最多？

3 小夫子为什么还要把骨头给这条疯狗吃呢？

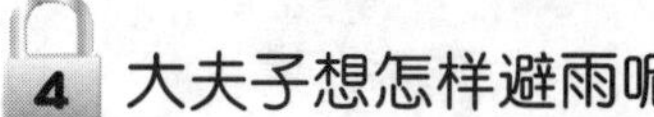
4 大夫子想怎样避雨呢？

5 一块强力磁铁，在什么情况下不能把一块铁吸过来？

1 风把它吹动了。

2 水。

3 如图所示。

4 如图所示。

5 当那块铁比较重时，磁铁就会被铁吸过去，而不是“吸过来”。

1 什么东西懒人最爱用?

2 一个不会游泳的人掉进深水里，一定会传出什么声音?

3 什么东西最听话?

4 什么东西叫人，但不是人?

5 在什么情况下，你抢同学的东西不会受批评?

1 床。

2 水声。

3 录音机。你说什么，它就记住什么。

4 外星人，机器人。

5 打球时抢同学的球。

1 什么人最不记仇?

2 小明上课经常回头看，老师见到了却从来不说他，为什么?

3 今天，什么人跟你开过玩笑?

4 个子矮有什么好处?

5 一辆公共汽车里共有7个人。小明妈妈问小明车内共有多少人，小明数来数去却说是6个人，为什么?

1 患有严重健忘症的人。

2 小明坐在第一排，老师经常站在第二排。

3 本书作者。

4 不易遮挡别人的视线。

5 他忘了把自己算进去。

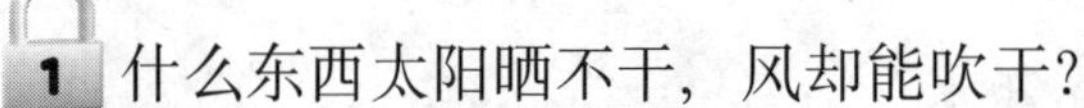

1 什么东西太阳晒不干，风却能吹干？

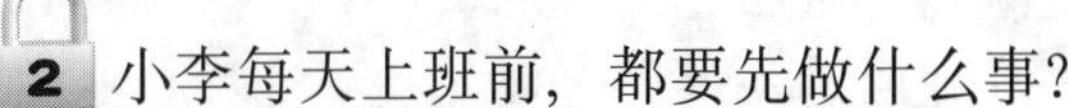

2 小李每天上班前，都要先做什么事？

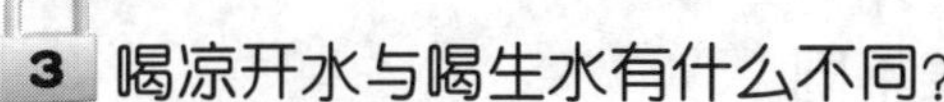

3 喝凉开水与喝生水有什么不同？

4 王华今天早上到医院打了6支针，为什么他只在打第一针时才觉得痛？

5 桌上有一瓶白糖和一瓶盐，不许你用口尝，你该怎样辨别哪瓶是糖，哪瓶是盐？

1 汗水。

2 看时间。

3 后果不同。

4 第一针是麻醉针。

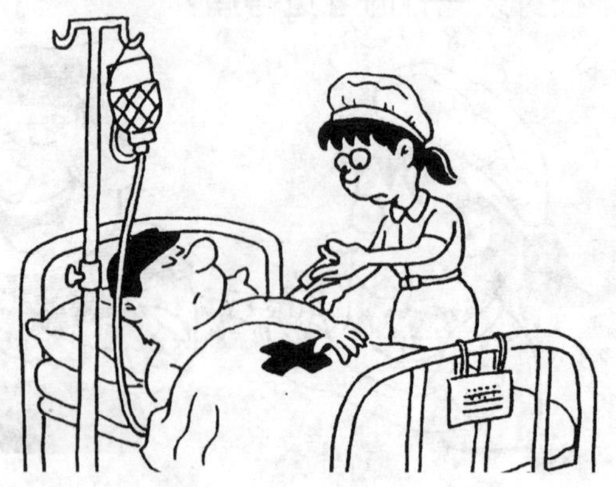

5 各弄一点糖和盐放在桌子上，然后找一只蚂蚁来试即可。

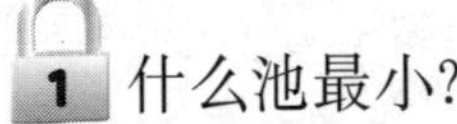
1 什么池最小?

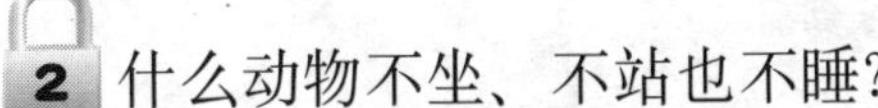
2 什么动物不坐、不站也不睡?

3 什么人越蠢越好?

4 玩笑王为什么能用一把塑料直尺画一条圆滑的曲线?

5 假如两只小鸟停在一根小树枝上，你想弄到那根小树枝，却不想惊动小鸟，你该怎么办?

1 电池。

2 鱼。

3 坏人。

4 如图所示，把直尺弯曲后再画。

5 等小鸟飞走以后再去弄。

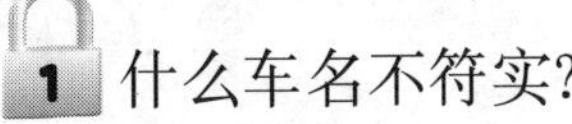

1 什么车名不符实?

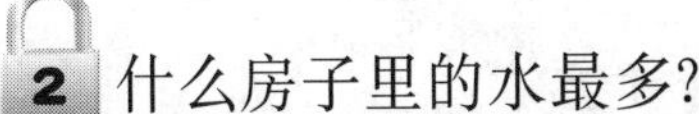

2 什么房子里的水最多?

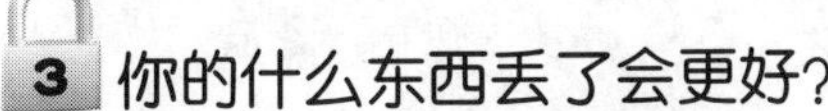

3 你的什么东西丢了会更好?

4 小志把桶里的豆分成两份，分了之后却见不到一粒豆，这是怎么回事?

5 一条两头封闭的四角形铁管掉进了水里，却只湿了一面，为什么?

1 自行车。

2 被水淹没的房子。

3 坏习惯。

4 因为桶里只有一粒豆，分成一半后自然见不到一整粒豆。

5 只湿了外面，里面没有湿。

1 什么人最爱吐水？

2 什么运动员把球踢进了球门却不高兴？

3 大夫子怎样才能最容易地把衣服破处遮挡住？

4 大夫子不用花钱，也不用动手，为什么也能吸烟？

5 什么样的字出现在镜子里，人们很容易就认出来？

1 泳手。

2 误将球踢进自己球门的足球队员。

3 如图所示。

4 如图所示。

5 左右对称的字。

1 什么样的名画最难偷?

2 防止被蛇咬的最好方法是什么?

3 你能在一张1米高的纸上画一幅1.8米高的人吗?

4 任何车辆要驶过大关高速公路都必须去收费站先付20元建路费，为什么有一辆小汽车经过该高速公路却不用付一分钱呢?

5 你知道美国纽约市的8路公共汽车是开到哪里去的吗?

1 壁画。

2 别让蛇见到你。

3 能，把人画成正在弯腰捡钱，如果直起身来正好 1.8 米。

4 因为该小汽车是被一辆大货车载着过去的，只需付大货车的过路费就可以通过。

5 开到终点站去。

1 什么人常常上楼梯却不下楼梯？

2 顽皮仔的数学考试得了零分，你知道这能说明什么问题吗？

3 给你一张普通白纸，在不用任何笔的情况下，你能空手在纸上写出一个笔划很细的字吗？

4 动物园里的众兽之王是谁？

5 小明把文具盒弄掉在地上，铅笔、橡皮、钢笔等文具撒得到处都是，小明应该先捡什么东西呢？

1 玩滑梯的人。

2 他没有作弊。

3 甩指甲尖使劲顶在纸面上“写”即可。

4 动物园园长。

5 先捡文具盒，才好把捡起的东西装进去。

1 什么人最怕过冬天？

2 什么盘总是两个人一起用？

3 为什么有一个人可以用他的牙咬到他的耳朵？

4 用什么打老鼠老鼠最痛？

5 有一个人午后在太阳下走，太阳明明照在他身上，可是却无法找到他的影子，这是怎么回事？

脑筋急转弯大全

1 懒人。因为不干活会觉得冷。

2 棋盘。

3 他把他的假牙拿出来咬他的耳朵。

4 用力。

5 他在太阳下走钢丝。钢丝绑得很高。

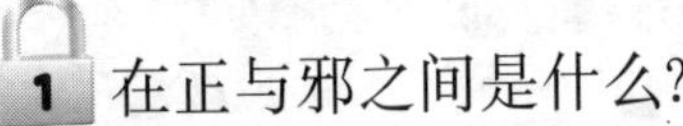

1 在正与邪之间是什么?

2 什么船每次走的路线都是一样的?

3 小华是个非常诚实的孩子，为什么他却常常弄虚作假?

4 玩笑王的自行车刹车坏了，为什么他还敢在一条有很多人的路上拼命骑这辆车?

5 一只小狗在舞台上就是不肯动，观众却鼓掌欢呼起来，为什么?

1 是“与”字。

2 游乐场的转转船。

3 因为他喜欢做梦，梦境常常是虚假的。

4 他正在上斜坡，拼命骑车也不会快。

5 无论舞台上的人用骨头引它还是吓它，它都端坐不动，这就是它的独特技艺。

1 为什么游泳比赛冬天总是比夏天好?

2 什么水人们用得很慢?

3 大夫子是怎样只使用锤子和钉子就使这张椅子坐起来很稳?

4 大夫子打死了一只苍蝇,为什么他却因这件事变得不高兴?

5 在相声表演会上,一声“太好了”使相声演员大不开心,这是为什么?

1 天气冷，大家都急着上岸。

2 钢笔墨水。

3 大夫子把椅子钉在墙上了。

4 他把苍蝇拍落在汤碗里。

5 因为这个声音是他说完相声后跟观众说再见时传来的。

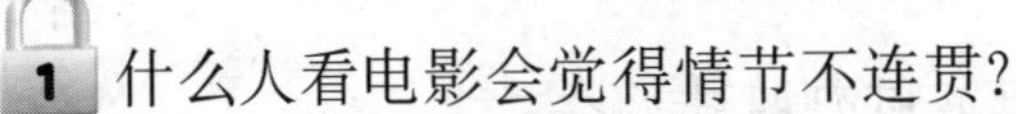
1 什么人看电影会觉得情节不连贯？

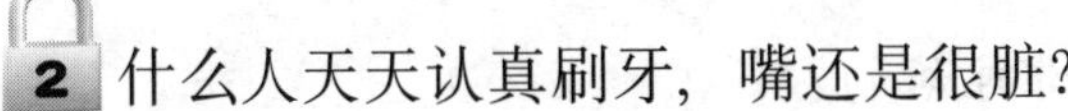
2 什么人天天认真刷牙，嘴还是很脏？

3 你转过的最大的圈在哪里？

4 卓别林来到一个小镇。镇上的朋友告诉他，小镇只有两家理发店，每家只有一个理发师。他先来到第一家，见里面干净整洁，理发师的发型漂亮有型；他然后又去第二家看看，只见里面又乱又脏，理发师的发型乱七八糟。你说他应光顾哪一家？

5 写字不好看的人要想字写得好看，该怎么写？

1 看电影时打瞌睡的人。

2 爱讲脏话的人。

3 在宇宙。因为你每年都随着地球绕太阳转一圈。

4 镇上既然只有两个理发师，他们也必然互相给对方理发。第一家理发师的发型好，那证明第二家理发师的技艺高超，故卓别林应光顾第二家理发店。

5 描着字帖写。

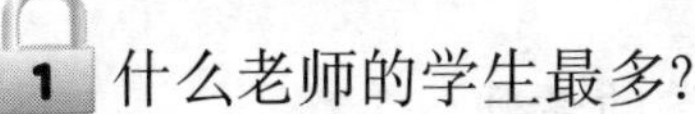

1 什么老师的学生最多?

2 当你向别人说其他人的坏话时，别人就会知道什么?

3 一辆重5吨的大货车竟顺利地通过了一座最大负重量为4吨的小桥，这是为什么?

4 玩笑王见他前面很远的地方有一个人背向着他单独在走路，他并没有看见他的嘴，也没有听见他发出的声音，却知道那人发出了声音，为什么?

5 拿着鸡蛋丢石头，鸡蛋却没有破，为什么?

1 广播电视大学的老师。

2 知道你不是哑巴。

3 因为该车前后轮的距离比桥要长，前后轮并没有同时压在桥上。

4 他穿着的皮鞋发出了脚步声。

5 一手拿鸡蛋，一手拿石头丢出去，鸡蛋当然不会破。

1 怎样开车才不容易撞坏车头?

2 小华今年考了全班第五名，为什么比去年考第三名还要高兴?

3 什么人有一只左手?

4 什么字又大又小?

5 哪个超级巨星人们最熟悉?

1 倒着开。

2 去年考试他作弊了。

3 人人都有一只左手。

4 尖。

5 太阳。

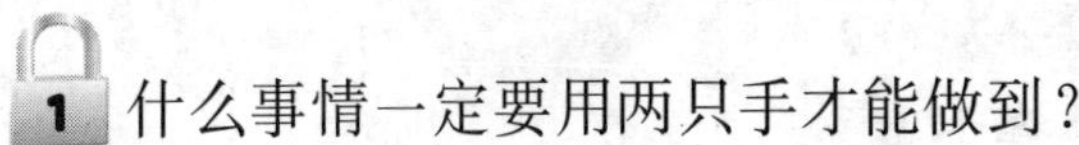

1 什么事情一定要用两只手才能做到？

2 白天不能开什么车？

3 什么东西干净时黑，脏时白？

4 小华穿的袜子破了一个洞(如图)，他该怎样穿才能使洞口不易被撑大呢？

5 高空有一只鸟，有几个人没有用枪或箭，就把鸟打下来了，为什么？

1 握手。

2 开夜车。

3 黑板。

4 两只脚调换来穿。

5 高射炮误中了鸟。

1 什么叶总是被水淹？

2 什么人的时间观念最强？

3 为什么大夫子扔不上去，小夫子却能扔上去？

4 在什么情况下，火车的车头可以说是在车前，也可以说是在车后？

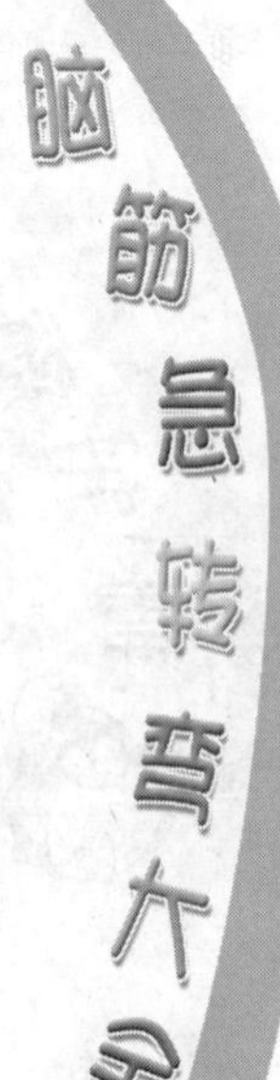

1 茶叶。

2 修钟表的人。

3 如图所示。

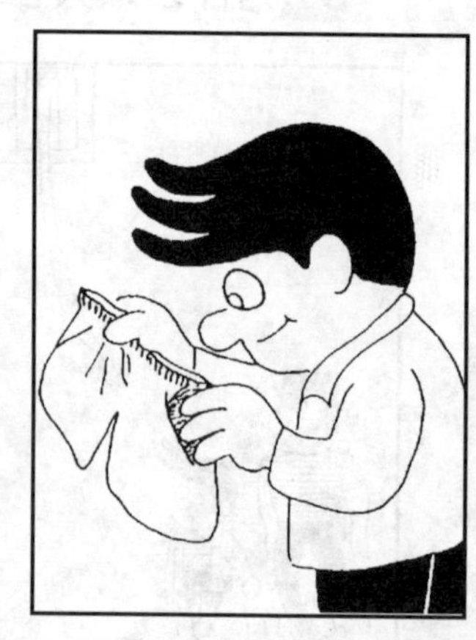

4 当一火车头倒拉着一列车厢向前行驶时，从前进的方向来看车头是在前面；但从列车的排序来看，火车的车头是在后面。

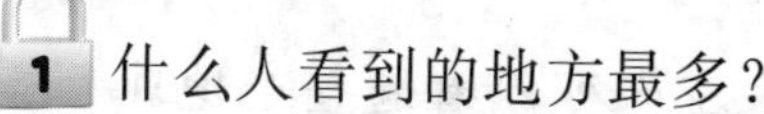

1 什么人看到的地方最多？

2 什么学生最好？

3 有对长相和穿戴完全一样的双胞胎兄弟在郊外站立着不动，什么人能在很远的地方就认出谁是老大？

4 在一条单轨上，有两火车头相隔1000米朝同一方向前进。开始时甲火车头在前走，乙火车头跟在后面，后来为什么乙火车头能走在前面，而甲火车头却跟在后面了呢？

5 小强是近视眼，可是今天小华却发现他拿起一副度数非常合适的眼镜戴上后，反而看不清楚了，这是怎么回事？

1 太空人。太空人可以看遍整个地球。

2 博士生。

3 老二知道对方是老大。

4 走了一段路后，两火车头都改变方向，朝反方向行驶，乙车头就变成在前面，而甲车头就跟在后面了。

5 他们两人当时正在浴室里洗澡。

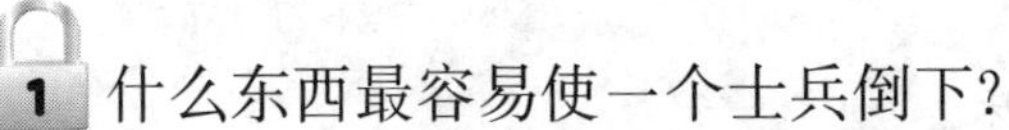

1 什么东西最容易使一个士兵倒下？

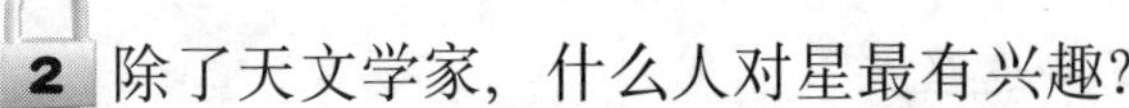

2 除了天文学家，什么人对星最有兴趣？

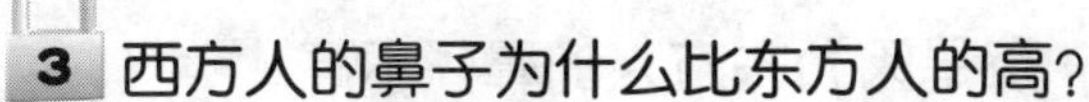

3 西方人的鼻子为什么比东方人的高？

4 小明的爸爸除了称呼小明做“小明”和“儿子”外，还称呼他什么？

5 一个大雨天，小明、小强和小华各打一把伞，小明手里拿着一根一米长的木棍，小华拿着一根一米长的铁丝，小强拿着一张一米长的纸，什么东西淋的雨最多呢？

1 床。

2 追星族。

3 那是因为东方人的鼻子不高。

4 你、他。

5 他们的鞋子。

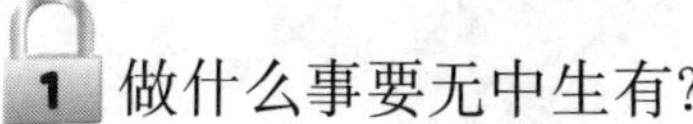

1 做什么事要无中生有?

2 什么人比变形金刚更厉害?

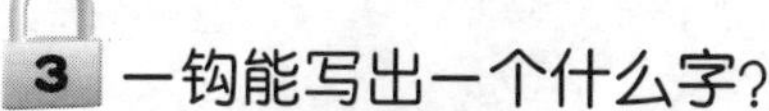

3 一钩能写出一个什么字?

4 人们见到的什么东西最多?

5 在同一家商店里, 每一种货物都有几个不同的定价, 这是为什么?

1 搞发明。

2 变形金刚的设计者。

3 丁。

4 光。

5 这是一家设在某个世界著名旅游点的商店，每种货物根据不同的货币而标上了相应的定价。

1 把鸟放进笼中，鸟的什么在外面呢?

2 小华睡觉醒来,发现外面全黑了,而当时正是中午,这是怎么回事?

3 为什么人的眉毛要长得那么高?

4 什么东西无风好看有风难看?

5 老师问玩皮仔:“打雷时，人们为什么先看见闪电而后听到雷声?”你猜顽皮仔的回答是什么?

1 心在外面。

2 他在火车上的卧铺上睡觉，醒来时火车正在过隧道。

3 长得低就变成胡子了。

4 长头发。

5 因为眼睛长在前面，而耳朵长在后面。

脑筋急转弯大全

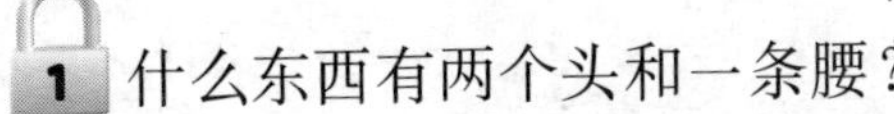
1 什么东西有两个头和一条腰？

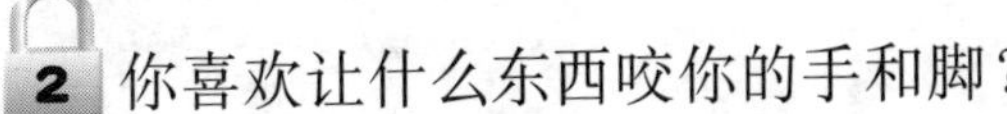
2 你喜欢让什么东西咬你的手和脚？

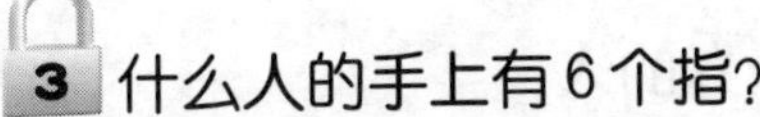
3 什么人的手上有6个指？

4 人们常常打什么东西保护自己？

5 赤脚走路能省鞋，但不能省什么？

1 哑铃。

2 指甲刀。

3 戴了一个戒指的人。

4 打伞。

5 水（洗脚的水）。

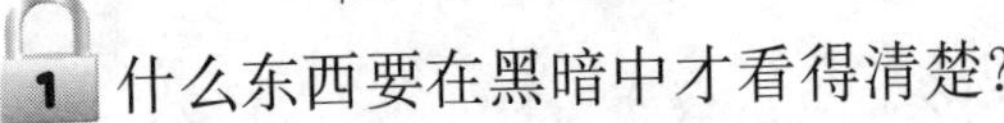
1 什么东西要在黑暗中才看得清楚?

2 什么东西人们打破了还高兴?

3 武松怕什么动物?

4 请列举三样经常经过空气的东西。

5 一个大雨天，大夫子拿着大雨伞在马路上走，却没有把这把雨伞弄湿，这是怎么回事?

1 电影。

2 纪录。

3 蚊子。

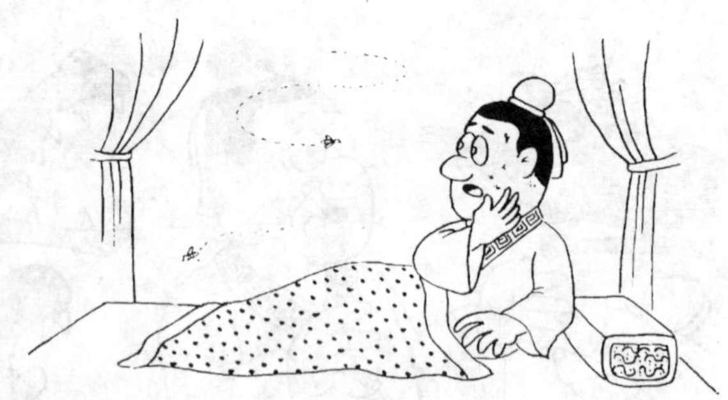

4 灰尘、光、声。

5 他另一只手拿着一把撑开的小雨伞，大雨伞并没有打开。

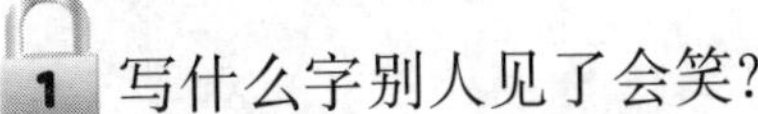

1 写什么字别人见了会笑？

2 泥路上来了两个人，却只有一个人的脚印，为什么？

3 小夫子是怎样使强盗放下钱包的呢？

4 王先生以前被人笑就不高兴，现在他越被人笑就越高兴，这是为什么？

1 错别字。

2 其中一个人是被另一个人抱着的。

3 如图所示。

4 现在他做了喜剧演员。

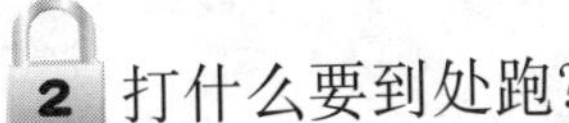
1 什么东西流动了人们却无法看见?

2 打什么要到处跑?

3 人们最怕破的是什么?

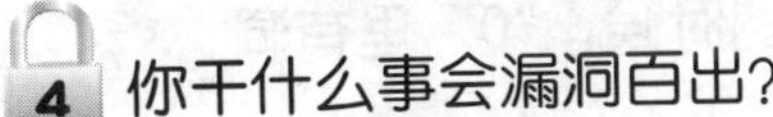
4 你干什么事会漏洞百出?

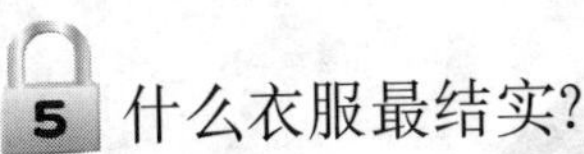
5 什么衣服最结实?

1 电。

2 打游击。

3 希望。

4 写“1000”的时候，“0”里有洞。

5 防弹衣。

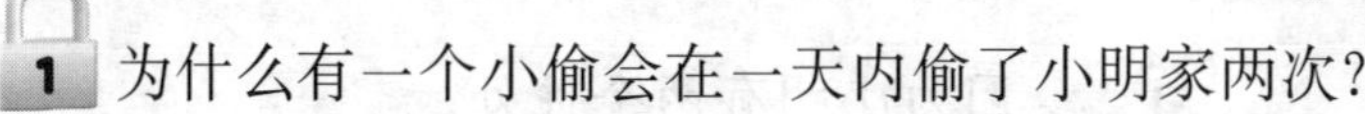

1 为什么有一个小偷会在一天内偷了小明家两次?

2 什么医生不会给自己看病?

3 什么东西越站越短?

4 电影开演了20分钟大夫子才进去看,没演完他就离开了电影院,为什么还是看了电影的头和尾呢?

5 人在生病时,身体里的什么东西最精神?

1 因为小明有两个住处。

2 兽医。

3 蜡烛。

4 因为这天放的是两部短片。大夫子看了第一部片的尾和第二部片的头。

第一部完 ⇦ 第二部开始

5 病菌。

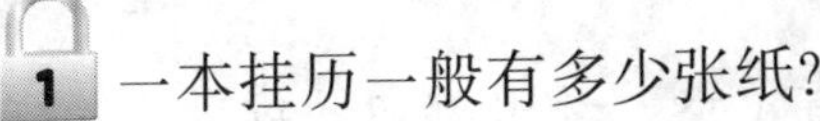

1 一本挂历一般有多少张纸?

2 什么是中华之路?

3 大夫子配了一副眼镜，戴上它看东西反而没有不戴看得清楚，为什么大夫子却很满意这副眼镜呢?

4 两个一样大的桶分别装满了米和花生，把它们全部倒入一个大桶，均匀地混在一起，再全部倒回原来的两个桶里，它们还有多少桶?

5 李军开的飞机从首都机场起飞，然后一直往南飞，一个小时过去了，他现在应该在哪里?

1 13张或者7张。要把封面算进去。

2 国道。

3 因为那是一副太阳镜。

4 不到两桶。因为花生之间有很多空隙，与米相混后，米就会进入花生之间的空隙。

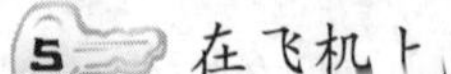

5 在飞机上。

1 做什么事不进则退？

2 什么人不讲人情？

3 马在什么时候会翻筋斗？

4 什么服装需要买大一点？

5 有两双袜子，第一双破了一个洞，第二双破了两个洞，可玩笑王却说这两双袜子共有七个洞。为什么？

1 逆水行舟。

2 谈天说地的人。

3 当它从高处掉下时。

4 孕妇服，因为孕妇的肚子一天比一天大。

5 因为每双袜子本身还有两个洞(袜口)。

1 什么衣穿起来最紧身?

2 玩笑王有一把铁锉，但有件金属物，它肯定不能锉，你知道是什么吗?

3 大夫子告诉小夫子他昨天去动物园玩，看过了园内所有的动物。小夫子却肯定动物园内的动物有一样大夫子没有看到，你知道是什么动物吗？

4 假如你正站在一片空地的一棵树下面，不许抬头，也不许用镜子，你能知道你头顶上的树枝是什么形状的吗？

5 什么鞋穿起来不好走路，也有人穿?

1 游泳衣。

2 不能锉铁锉本身。

3 动物园内的蚂蚁。

4 向后退走一段距离，头顶的树枝就呈现在你的前方了，你就可以看清树枝的形状了。

5 蛙鞋，滑冰鞋。

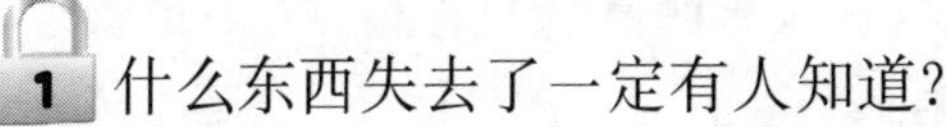

1 什么东西失去了一定有人知道？

2 什么车不能载人，也不能载物品？

3 一天，老王到某市旅游。一班年青人见到他后，就朝他跑来，并亲切地喊道："王教练，你的训练方法真好，我们自从跟你锻炼后，收效很大。"老王却根本不认识这些人，也从来没有见过他们。这是怎么回事？

4 下图有两个不同形状的瓶子，每个瓶子里最多只能装100毫升的水。有没有办法使它们装更多的水？哪个装得更多呢？

5 有一个人，很会模仿猴子的动作，但有一个动作他无法模仿，那是什么动作？

1 信誉。

2 风车。

3 老王是在电视上教人健身的教练。

4 可以把盖子反转放置也用来装水。矮瓶的盖子比高瓶的大，因此能装更多的水。

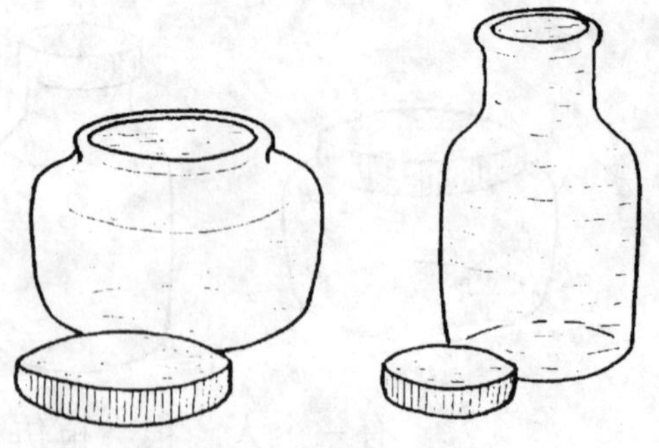

5 用尾巴倒吊着身子。

1 什么人看电视最专心?

2 动物园里大猩猩最聪明，那么第二聪明的是什么动物呢?

3 骗子在什么时候不骗人?

4 什么动物最像小老虎?

5 什么东西把它充满后还是空的?

1 电视维修工。

2 小猩猩。

3 睡觉的时候。

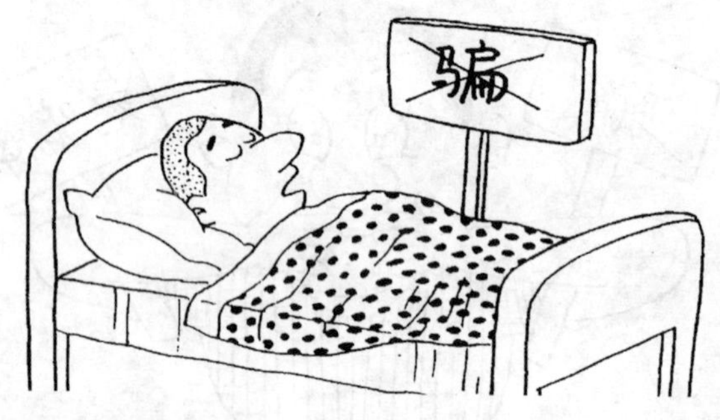

4 大老虎。

5 气球。

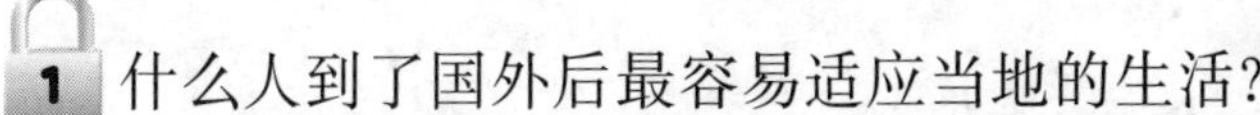
1 什么人到了国外后最容易适应当地的生活?

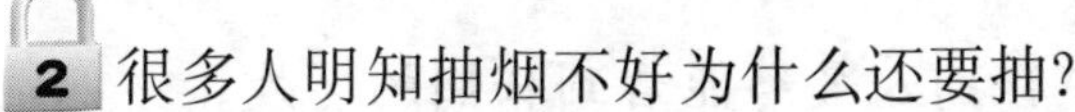
2 很多人明知抽烟不好为什么还要抽?

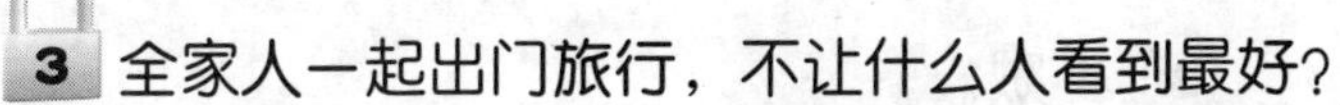
3 全家人一起出门旅行，不让什么人看到最好?

4 什么东西人人都能踢而你却不能踢?

5 张大牛每天洗两次澡，而且每天不出门，家里每处地方都很干净，为什么他还是比别人都脏呢?

1 婴儿。

2 让别人最终能看到抽烟的坏处。

3 贼。

4 你的背。

5 他是婴儿，经常尿湿裤子。

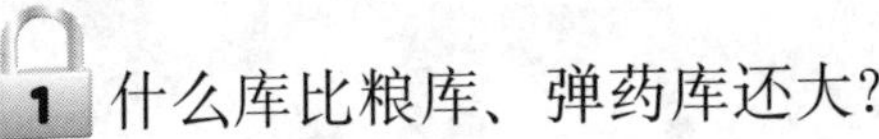

1 什么库比粮库、弹药库还大？

2 有个人不慎掉到河里，他的鞋却没有湿，这是为什么？

3 这条狗不会走这条独木桥，也不会游泳。大夫子除了抱它以外，还有什么最方便的办法让它过桥呢？

4 小夫子家里并没有养猫，他却有办法驱赶屋外的老鼠，他是怎么做的呢？

5 什么东西人们最爱用水来把它们赶走？

1 水库。

2 他掉到河里时并没有穿鞋，鞋已脱下放在岸边。

3 如图所示。

4 如图所示。

5 灰尘。

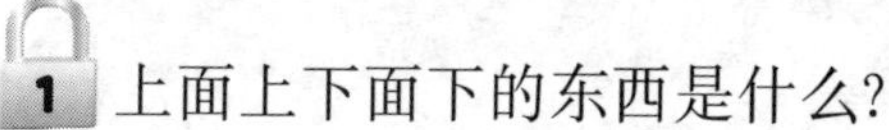

1 上面上下面下的东西是什么?

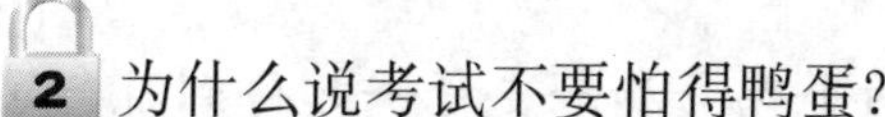

2 为什么说考试不要怕得鸭蛋?

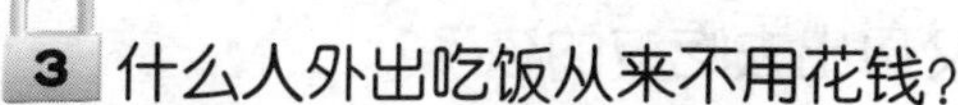

3 什么人外出吃饭从来不用花钱?

4 夜晚，大夫子正在睡房里，室外伸手不见五指，为什么他还能看清窗外的人呢?

5 有个小偷，某天见到一座房子的窗户大开，里面一个人也没有，附近也没有人，他却不进去偷东西，为什么?

1 “卡”字。

2 只要两个鸭蛋和一支笔一起得到就行了。

3 跟父母出去吃饭的孩子。

4 因为窗外是厅，他的睡房与大厅之间有一个窗。

5 房子是他的。

1 除了打仗之外，世界上打什么最多？

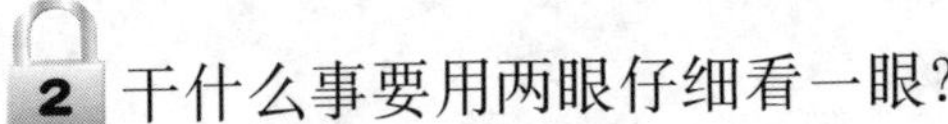
2 干什么事要用两眼仔细看一眼？

3 口臭的人在哪里跟别人讲话为好？

4 什么字用的人最多？

大 小 他 十 是

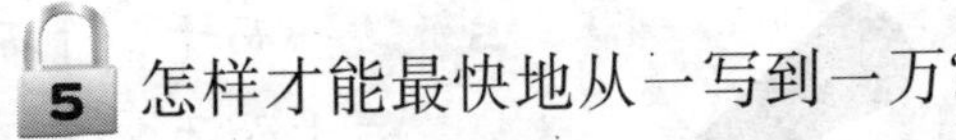
5 怎样才能最快地从一写到一万？

1 打雷。

2 穿针。

3 电话里。

4 文字。

5 一而十，十而百，百而千，十而万。

1 米店卖盐是什么事?

2 有个人想练拳击来减肥, 结果人反而变胖了, 这是为什么?

3 什么字你需要32天才写得出来?

4 什么动物最爱打针?

5 在一艘游轮上, 有一名不会游泳的旅客, 不小心掉进海水里。轮船上的人都看见了, 船却没有停下来, 也没有人到海里去救他, 这是为什么?

1 多管闲(咸)事。

2 他的脸被打肿了。

3 “明”字。“明”有一“日”和一“月”，一日加一个月(31日)共有32日。

4 蚊子最爱给你“打针”。

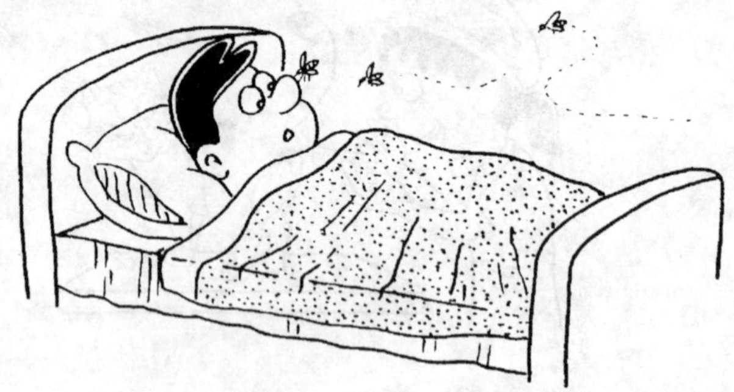

5 这名旅客是从豪华客船的游泳池边掉进游泳池里的。泳池用的是海水，但水并不深。

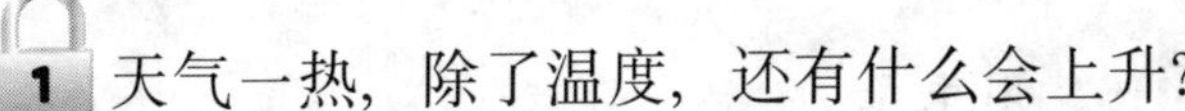

1 天气一热，除了温度，还有什么会上升？

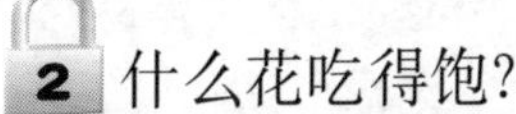

2 什么花吃得饱？

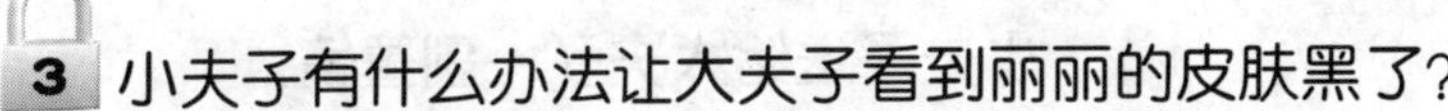

3 小夫子有什么办法让大夫子看到丽丽的皮肤黑了？

4 大夫子怎样才能和狗一起走而都不会淋着雨？

5 晚上，小明离开教室回家时，学校外面伸手不见五指，他并没有任何照明工具，却顺利回到了家，这是为什么？

1 用电量。

2 爆米花，麻花。

3 小夫子送给大夫子一副墨镜。

4 大夫子搂着狗一块走。

5 他的家就在校内。

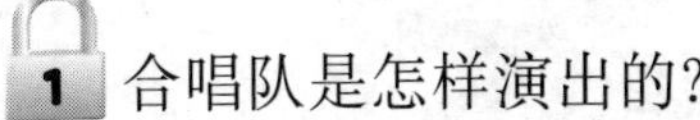

1 合唱队是怎样演出的?

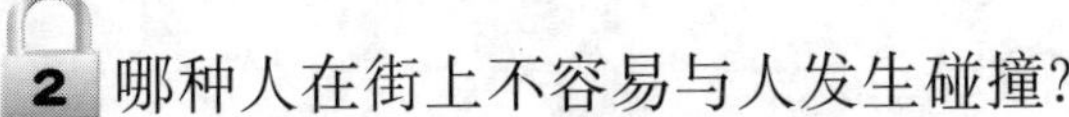

2 哪种人在街上不容易与人发生碰撞?

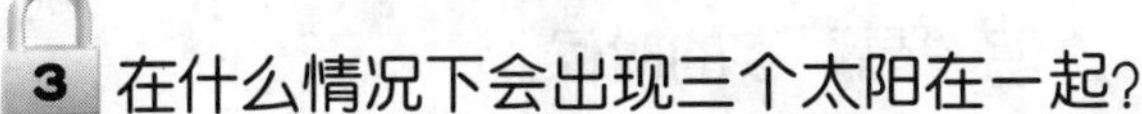

3 在什么情况下会出现三个太阳在一起?

4 有一只饿极了的老鹰见地上有一只羊的尸体，却向上飞去。为什么?

5 什么东西最坏?

1 异口同声地演出。

2 瘦子。

3 写“晶”字的时候。

4 当时老鹰正在一个斜坡的低处，羊的尸体则是在斜坡的高处，所以它要向上飞。

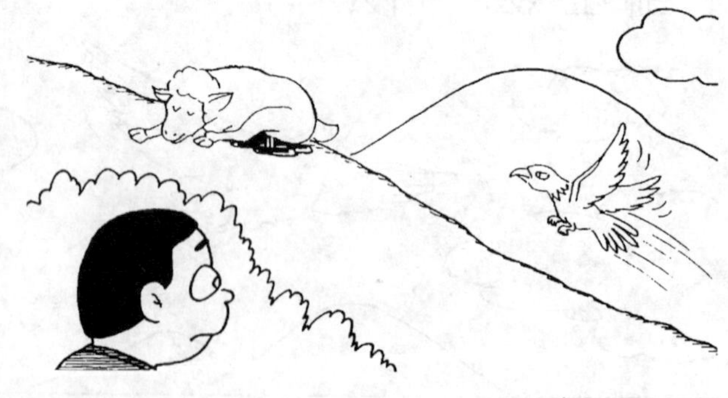

5 病毒。

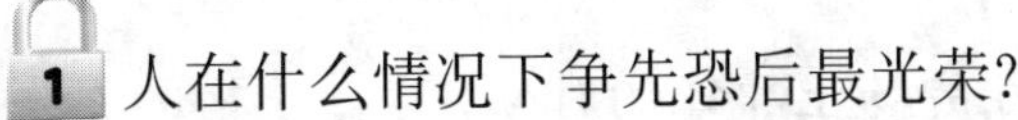

1 人在什么情况下争先恐后最光荣?

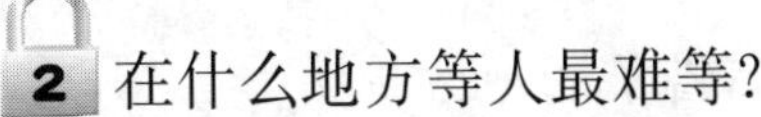

2 在什么地方等人最难等?

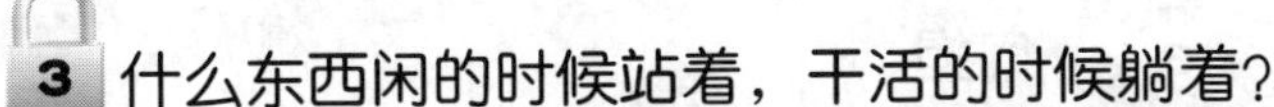

3 什么东西闲的时候站着，干活的时候躺着?

4 大夫子和小王经常赛跑，但每次大夫子都输了。他有什么办法可以保证不会输给小王呢?

5 小明对着小豆豆唱歌，歌词都唱错了，小豆豆还总是说“妙”，为什么?

1 在战场上冲锋的时候。

2 约会地点搞错了的地方。

3 扁担。

4 不再跟小王比赛。

5 小豆豆是只猫。

1 什么东西熟了别人也说它生?

2 什么人靠天赚钱?

3 什么东西只有独自拥有最好?

4 什么东西躺着穿衣穿裤?

5 王先生的皮带突然断了。他的裤子又松又大,也没有任何东西绑着或吊着,整个上午,裤子却没有掉下来。为什么?

1 生菜。

2 飞机驾驶员、空姐、飞机制造商。

3 秘密。

4 晾衣竹竿。

5 他整个上午都穿着这条裤子睡觉。

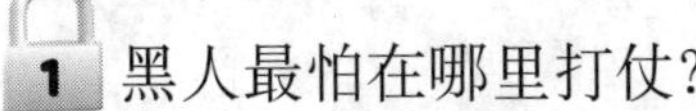

1 黑人最怕在哪里打仗？

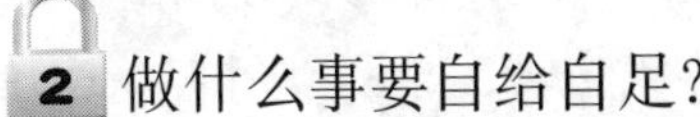

2 做什么事要自给自足？

3 夜晚，外面没有月亮和路灯，家里没有任何灯和蜡烛，也没有燃烧任何东西，更没有手电筒，为什么玩笑王能看清家里墙上的字画呢？

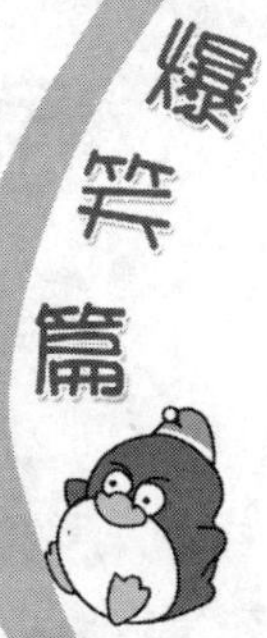

4 一块直径为2千米的圆形草地，假如你沿着直径从边上往里走，你最多能进入多少千米？

5 什么小孩子洗脸最多？

1 雪地里。

2 穿袜子。

3 因为开着大电视。

4 往里最多能进入 1 千米。到了圆心后，如果继续往前走，将不是“进入”而是“出去”了。

5 最爱哭的小孩，经常以眼泪“洗脸”。

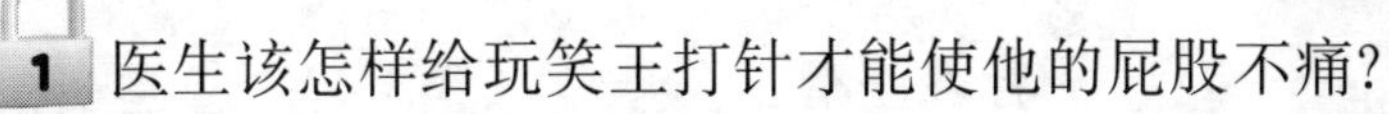

1 医生该怎样给玩笑王打针才能使他的屁股不痛?

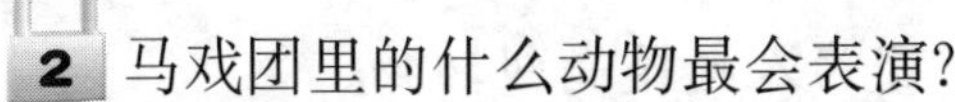

2 马戏团里的什么动物最会表演?

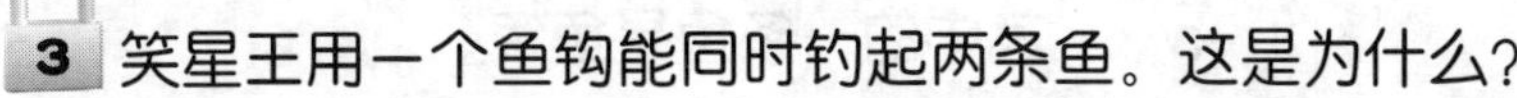

3 笑星王用一个鱼钩能同时钓起两条鱼。这是为什么?

4 玩笑王给他爸爸冲咖啡，一不小心放了太多的糖。他没有往咖啡里加水或其他液体，就使咖啡里的糖变少了。你能想到他是怎么做的吗?

5 大开以前每天吸 10 支香烟，现在每天改吸8支，他的妈妈却说他现在比以前吸烟更多了，这是怎么回事?

1 打在手臂上。

2 人。因为人也是高级动物。

3 其中的一条鱼是鱼饵。

4 他拿一支吸管把刚沉进杯底的糖吸出来吐掉。

5 他现在每次都把烟头吸得一干二净。

1 比蚂蚁还小的东西是什么?

2 收音机没有电了，为什么小夫子还能听到收音机的声音。

3 爱虚荣的人最喜欢什么帽?

4 什么哑巴发出的声音最多?

5 一个大热天，一个驼背的人在一条热闹的大街上行走，可是却没有一个人发现他是驼背，这是怎么回事?

1 灰尘。

2 收音机掉到地上了，小夫子听到的是碰撞声。

3 高帽。

4 睡觉爱打呼噜的哑巴。

5 驼背的人背上正背着一袋米。

1 有只小船在前进，可是船身并没有湿，这是怎么回事？

2 什么女人晒黑了也一样好看？

3 什么东西要用一年的时间才能用完？

4 什么东西等于零？

5 科长在会议上提出他的计划时，坐在他旁边的大夫子总是点头，科长却对他很不满意，这是为什么？

脑筋急转弯大全

1 一辆大货车载着这只小船前进。

2 黑种人女性。

3 日历。

4 句号。

5 因为大夫子是在打瞌睡。

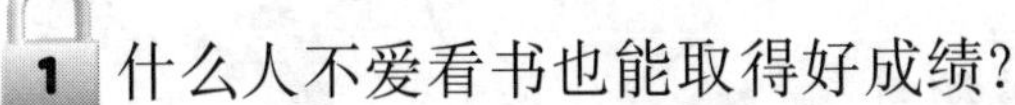

1 什么人不爱看书也能取得好成绩?

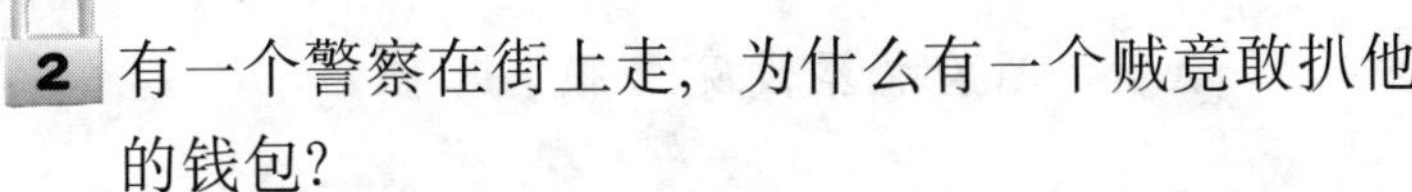

2 有一个警察在街上走，为什么有一个贼竟敢扒他的钱包?

3 玩笑王住在15楼。这天电梯坏了，他一口气走到15楼，为什么他一点也不觉得累?

4 一部彩色电视机并没有坏，但为什么影像是黑白的?

5 有人喜欢开汽车，有人喜欢开轮船，但更多的人喜欢开什么呢?

1 运动员。

2 因为警察没穿警服。

3 他本来在 17 楼的朋友家，现在下两层楼的楼梯当然不会感觉累。

4 因为当时正在播放的是黑白片。

5 开心。

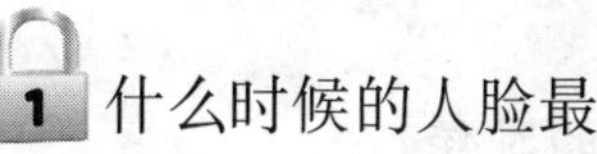

1 什么时候的人脸最难看到?

2 把什么东西存放到别人那里，是要不回相同的东西的?

3 三个吝啬鬼比赛谁最吝啬，前两个人都说了一大堆自己如何吝啬的“事迹”。最后一个却只说了一句话就令前两个人都甘拜下风。你能猜出他说了一句什么话吗?

4 在一所监狱里，一名犯人没有被判死刑，为什么却被枪毙了?

5 什么江结的冰最多?

1 当人还在他妈妈肚子里的时候。

2 钱。把钱寄存到银行去，是不会要回相同的钱的。

3 他说："我才不免费说那么多话给你们听呢。"

4 因为犯人想越狱，结果被狱警开枪打死了。

5 整个黑龙江(省)。

1 什么东西每个父母都会给孩子?

2 有一个人只有一只脚，却能踢起足球，为什么?

3 玩笑王把《英汉字典》翻到第50面，仔细地查找，请问他在查什么字?

4 什么书不会乏味?

5 小明的上衣破了一个洞，可是李丽却故意给上衣弄了更多的洞，这是怎么回事?

1 名字。

2 他坐着踢。

3 英文字。

4 菜谱。

5 她给小明补衣服，针一穿过不就留下了许多微小的洞吗？

1 什么牛最小?

2 什么人最不喜欢去电影院?

3 什么时候星期六过后却是星期一?

4 小偷最怕偷到什么?

5 某人从正在飞行的飞机上掉到地上，却没有受伤，他并没有带降落伞，这是为什么?

1 蜗牛。

2 盲人。

3 当你整个星期天都睡着了的时候。

4 假货。

5 他是从靠近地面的直升机上掉下来的。

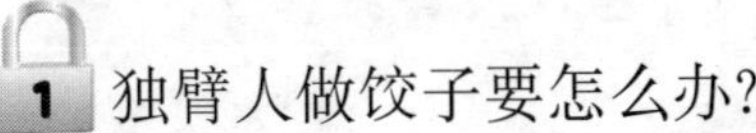

1 独臂人做饺子要怎么办?

2 什么东西一出门就发火?

3 大夫子为什么在这块平坦的空地上无法找到掉下的一角钱硬币呢?

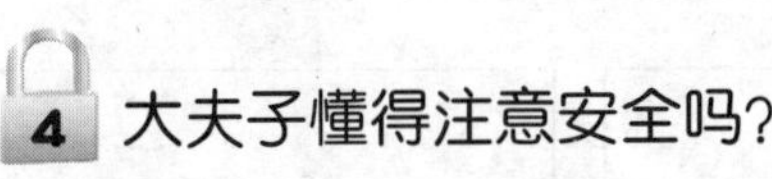

4 大夫子懂得注意安全吗?

5 什么运动最自由?

1 一手包办。

2 火柴。

3 这枚硬币粘在他的鞋底上。

4 大夫子没有想到会有风吹过来。

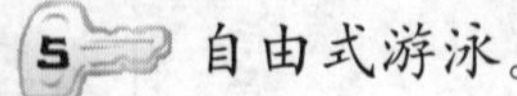
5 自由式游泳。

1 什么豆最大?

2 什么事有时总是说不通?

3 下图有两只小鸡，捣蛋鬼在这个画面上添上了几笔，就使画面上出现的只是一只小鸡，你知道他在画面上添画了什么吗?

4 你的什么东西与别人分享后，你不会失去，反而会增加?

5 大夫子在联欢晚会上表演相声，在场的人都哈哈大笑，但也有一个人不笑，那是一个什么人?

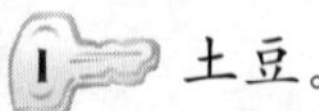

1 土豆。

2 电话断了线。

3 他添画了一面镜子，如图。

4 你的快乐。

5 大夫子自己。

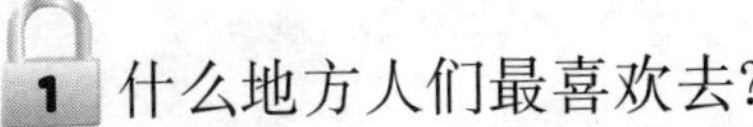
1 什么地方人们最喜欢去?

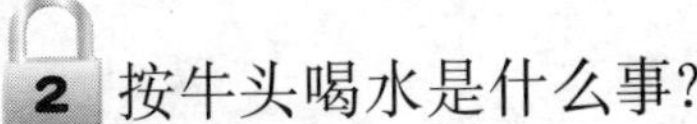
2 按牛头喝水是什么事?

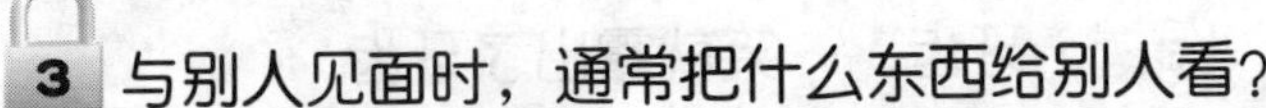
3 与别人见面时，通常把什么东西给别人看?

4 什么人出手不低?

5 什么东西上去看不见，下来就像线?

1 领奖台。

2 白费劲的事。

3 牙齿。一笑就露出了牙齿。

4 飞行员。

5 水。

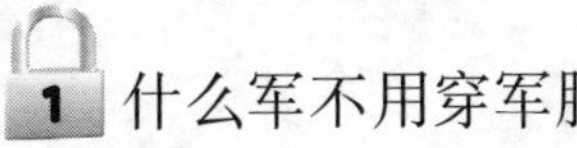

1 什么军不用穿军服？

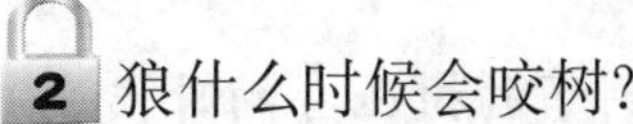

2 狼什么时候会咬树？

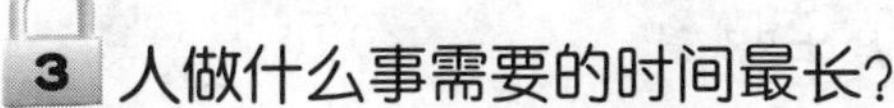

3 人做什么事需要的时间最长？

4 当有强盗叫你不许动时，你该动什么？

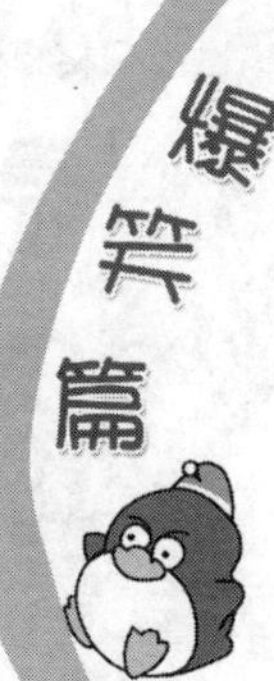

5 什么人不听课、不读书也能在学校里考到好成绩？

1 冠军、亚军、季军。

2 当它的身体被倒下的树压着的时候。

3 走完人生路。

4 动脑筋想想怎么做最好。

5 聋哑学生。

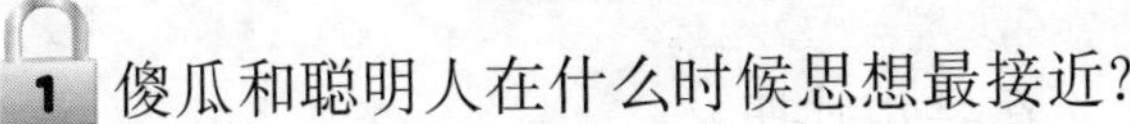

1 傻瓜和聪明人在什么时候思想最接近?

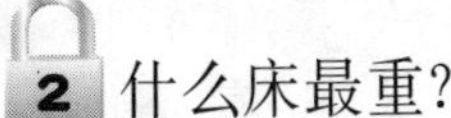

2 什么床最重?

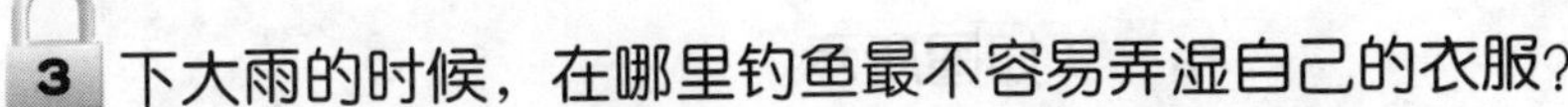

3 下大雨的时候，在哪里钓鱼最不容易弄湿自己的衣服?

4 大夫子有什么办法使自己变高?

5 用刀在一块木板上刻上“勤奋学习”四个字，要使这四个字消失，最省力的办法是什么?

1 在婴儿时期。

2 车床。

3 如图所示。

4 如图所示。

5 用火把木板烧掉。

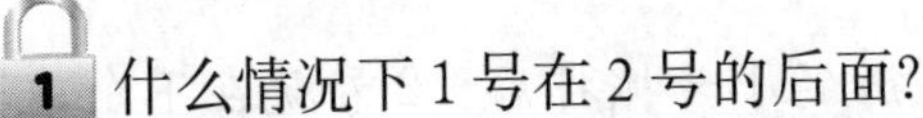

1 什么情况下1号在2号的后面?

2 过马路时，应该先看什么?

3 大夫子和小夫子以“我吃的东西最多”为题比赛吹牛。大夫子说：“我把全宇宙所有的东西都吃了！”小夫子只说了一句话就赢了他，你能想到小夫子说了一句什么话吗?

4 成绩表上的什么分得到了100分并不能使你高兴?

5 一家没有窗的超市的所有入口处都有售货员看守，不让顾客进入，但却有一个贼大摇大摆走进这家超市，这个贼是怎样进去的呢?

1 当日历的小号撕掉后，2号就在下个月1号的前面。

2 看看有没有斑马线。

3 小夫子对大夫子说：“我吃了你！”

4 各门功课的总分。

5 他从出口处进去的。

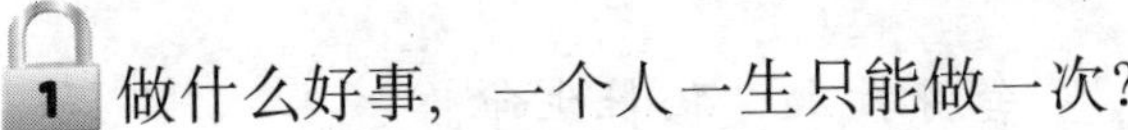
1 做什么好事，一个人一生只能做一次？

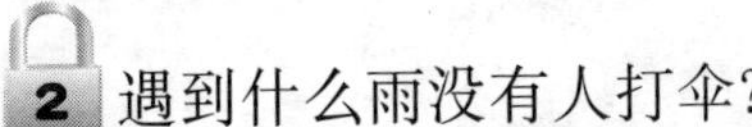
2 遇到什么雨没有人打伞？

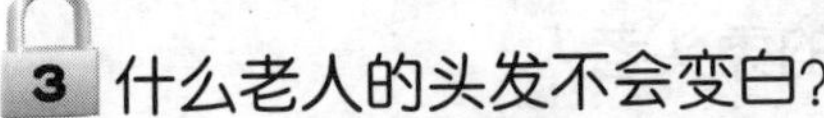
3 什么老人的头发不会变白？

4 什么事情人只能用一只脚去做？

5 人怎样才能看见过去了的事？

1 舍身救人，牺牲生命。

2 枪林弹雨。

3 戴假发的秃头老人。

4 单脚跳。

5 看星星发的光。这些光是很多年前就从星球上发出来了，直到现在光才到达地球。

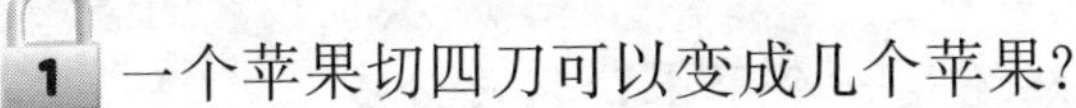

1 一个苹果切四刀可以变成几个苹果?

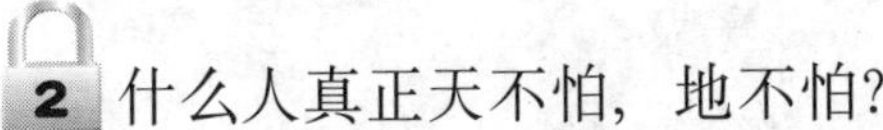

2 什么人真正天不怕，地不怕?

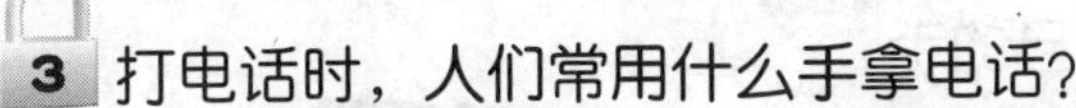

3 打电话时，人们常用什么手拿电话?

4 一个橡皮救生圈有个洞，为什么神兰强还拿这个救生圈去游泳?

5 一把纸扇连同扇盒共 10 元钱，纸扇比扇盒贵8元，那么扇盒是多少钱?

1 当然还是一个苹果，只是分成了几块。

2 婴儿。

3 自己的手。

4 那个洞是气孔。

5 1 元钱。

1 人们通常穿的什么衣最宽大?

2 什么人聪明绝顶?

3 什么字人们总是写歪?

4 什么东西一增高就要变矮?

5 在什么地方人们找不到上下?

1 雨衣。

2 又聪明又没有头发的人。

3 “歪”字。

4 蜡烛。

5 太空。

1 什么东西总是比你先进家门?

2 什么东西不会说话，但能引起人们的问与答?

3 人的脚有 10 个脚趾头，6 只脚共有多少个脚趾头?

4 什么东西是一样宝，垃圾桶里却都能找到?

5 李大虎不走楼梯，也不乘电梯就能上下楼，为什么?

1 钥匙。

2 门铃。

3 30个。

4 空气。

5 因为他是婴儿，每次都由父母抱他上下楼。

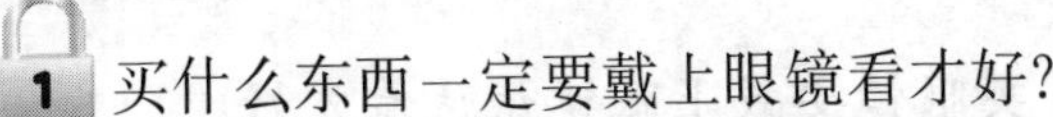

1 买什么东西一定要戴上眼镜看才好?

2 人睡着前先做什么最好?

3 什么事情只能用一只手指去做，两只手指一定做不了?请想出5件事情。

4 什么书是为最小的孩子设计的?

5 在一个没有人的地方，却传来敲门声。这是怎么回事?

1 买眼镜要戴上眼镜试试看才好。

2 闭上眼睛。

3 掏一个耳洞，挖一个鼻孔，按死一只蚂蚁，按住一个小漏洞，印一个手指印。

4 出生证明书。

5 那是电视里的敲门声。房主出门了，但忘了关电视机。

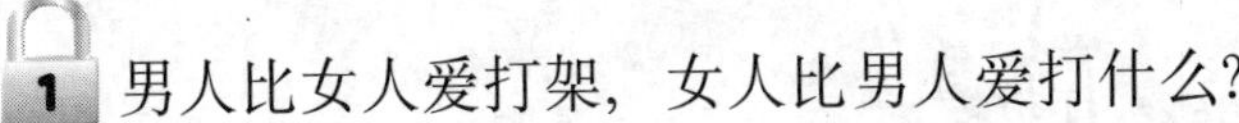

1 男人比女人爱打架，女人比男人爱打什么？

2 什么石是方形的？

3 一天，张太太在马路上见到她的丈夫牵着一位陌生女人在走，她为什么不责怪丈夫呢？

4 哪种伞打开的时间最少？

5 小明家的鸡明明有跳蚤，他却说他的鸡保证不会生跳骚，为什么？

1 打扮。

2 磨刀石。

3 她的丈夫是在牵一位盲眼的女人过马路。

4 降落伞。

5 他说他的鸡只会生鸡蛋，不会生下跳蚤。

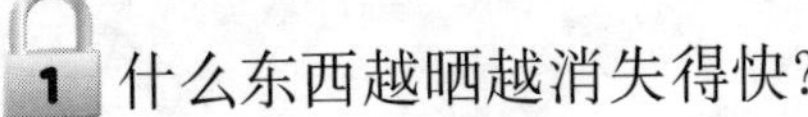

1 什么东西越晒越消失得快？

2 什么人最爱自找苦吃？

3 大夫子第二次走这条独木桥为什么不害怕了？

4 大夫子给狗拍照片，可拍下的却是一张只有天空的照片，这是怎么回事？

5 玩笑王能用一支黑色的毛笔在一张白张上画出4种不同颜色的图画，为什么？

1 冰雪。

2 最爱吃苦瓜的人。

3 如图所示。

4 如图所示。

5 他用一支黑色笔杆和黑色笔毛的毛笔画水彩画。

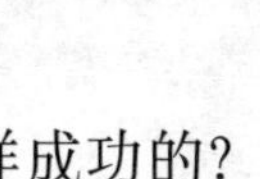

1 骑兵打胜仗是怎样成功的?

2 什么花吃起来很香?

3 如果博物馆失火，你只能抢救一件艺术品，你会选择哪一件?

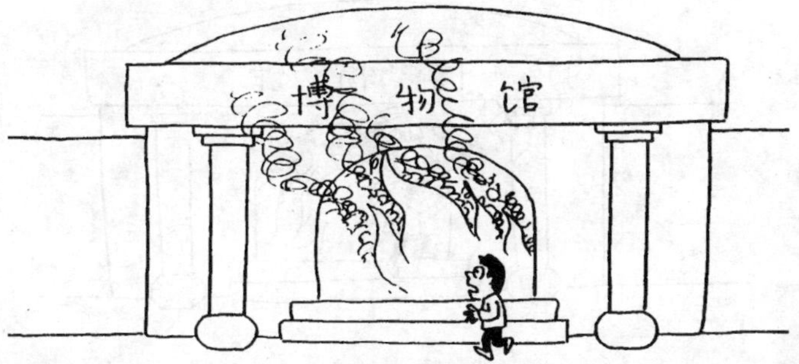

4 草原上有母马和小马各100匹，你怎样能在两天内把小马驹和母马的母子关系找出来?

5 小明今年数学期末考试得了100分, 可他却没有去年考得90分高兴, 为什么?

1 马到成功。

2 爆米花。

3 离出口最近的那一件。

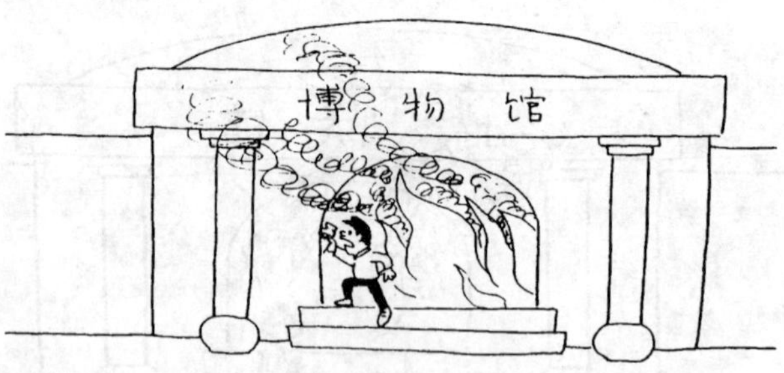

4 把小马和母马分开，并整夜不给小马草料和水。第二天再把小马撒开，小马一个个饥渴难熬，就会拼命去找母马吃奶，这样就能把它们的母子关系找出来。

5 今年有多人同时考了100分，去年只有他一个人考到90分以上。

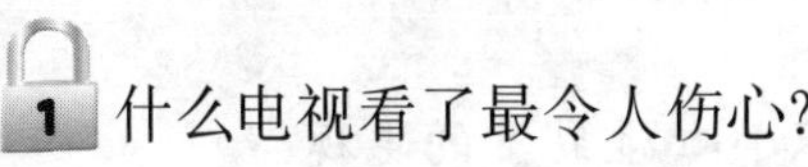

1 什么电视看了最令人伤心?

2 除了奶粉，人吃什么粉最多?

3 收音机刚刚报时，笑星王看看自己的手表，时间很准。为什么他却说他的表不准呢?

4 什么东西见到不同的人都变脸?

5 小明12岁生日的晚上，爸爸在生日蛋糕上插上了19支蜡烛。这是怎么回事?

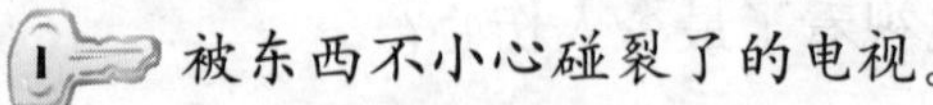

1 被东西不小心碰裂了的电视。

2 面粉。

3 当时表正好停在报时的时间上不动。

4 镜子。

5 小明的弟弟也是在当天生日。他爸爸在两个生日蛋糕上分别插上12支蜡烛和7支蜡烛。

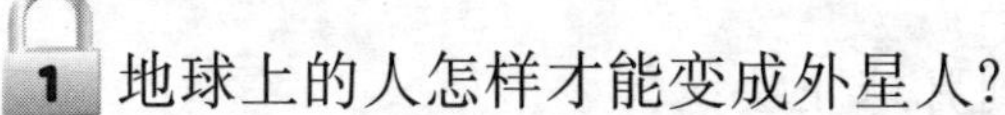
1 地球上的人怎样才能变成外星人？

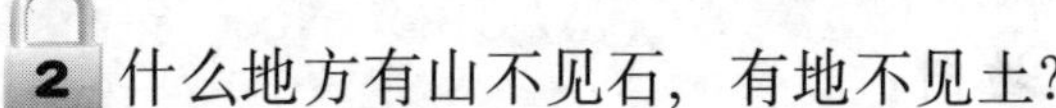
2 什么地方有山不见石，有地不见土？

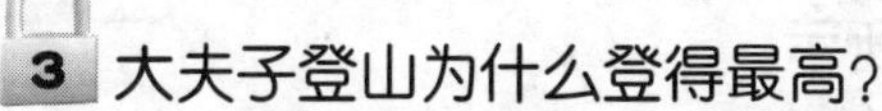
3 大夫子登山为什么登得最高？

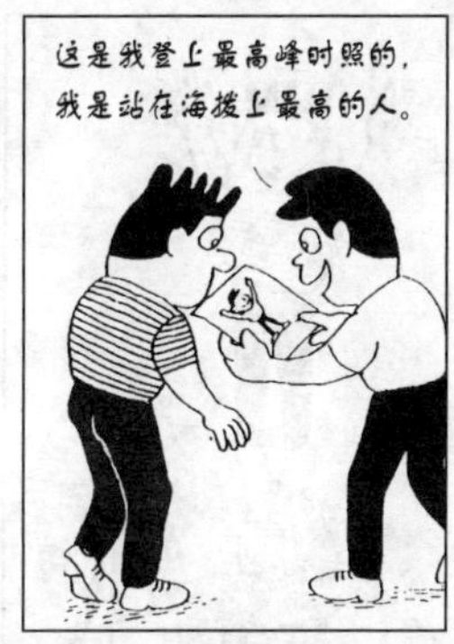

4 很多得了奇难杂症的病人让张医生治了一次后，便再也不会出现这种病了。但是，仍然有很多人对他不满，这是为什么？

1 到月球上去。

2 地图。

3 如图所示。

4 他把这些病人都医死了，自然再也不会出现这种病。

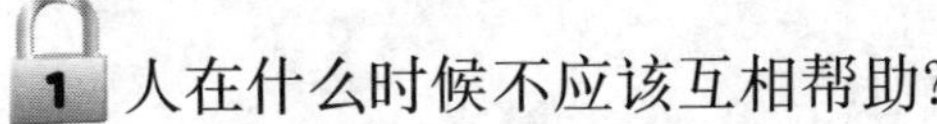

1 人在什么时候不应该互相帮助?

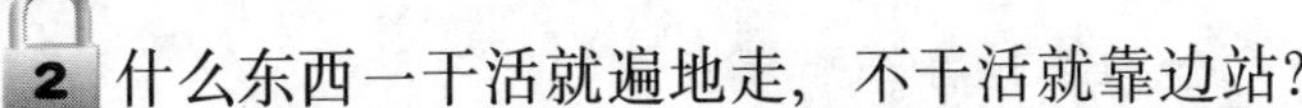

2 什么东西一干活就遍地走，不干活就靠边站?

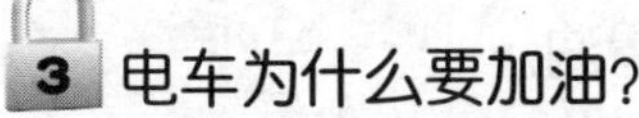

3 电车为什么要加油?

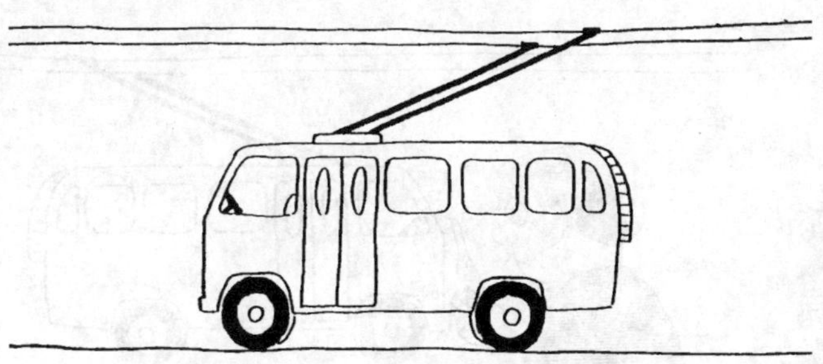

4 有3只羊和2个羊栏，可羊主却能把3只羊放在2个羊栏里，并使每个羊栏里羊的数目相等。这是为什么?

5 青蛙能跳得比桌子高，你相信吗?

1 考试时。

2 扫帚。

3 加的是机件润滑油。

4 他把3只羊都放在小羊栏里，而大羊栏则围在小羊栏外面（如图）。

5 相信。因为桌子根本不可能跳，青蛙即使跳一点点高也比桌子能跳呀。

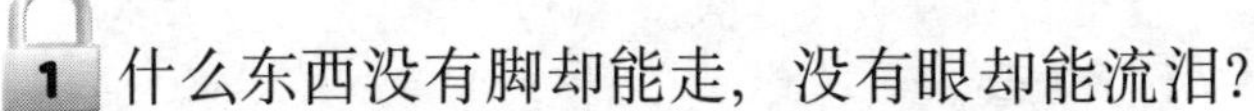

1 什么东西没有脚却能走，没有眼却能流泪？

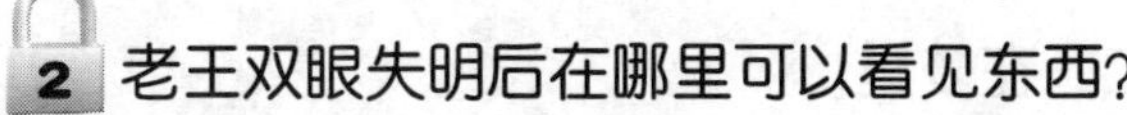

2 老王双眼失明后在哪里可以看见东西？

爆笑篇

3 一位妇人因为一次有个贼从她的床底下钻出来向她行劫，导致她每次睡觉都因担心床底有人而失眠，你有什么办法消除她的困扰？

4 小华才10岁，竟敢触摸正在以100千米/小时的速度奔驰着的列车车皮，为什么？

1 云。

2 在梦里。

3 叫她把床脚全锯掉。

4 他坐在车厢里把手伸出窗外摸。

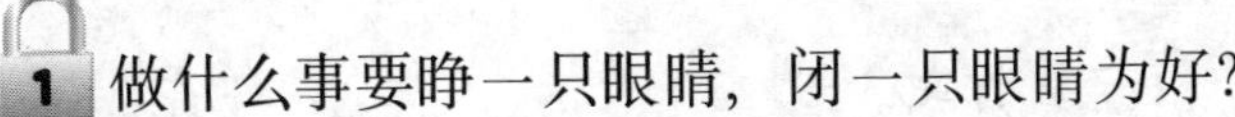

1 做什么事要睁一只眼睛，闭一只眼睛为好？

2 什么厂最受人的爱戴？

3 导演让大夫子当天拍了一些不费力，也不费精神就能拍的戏，大夫子却拍得更难受，为什么？

4 大夫子有什么办法使自己坐在沙发上也不会睡着？

5 什么人经常从高处跳下却不会摔倒？

1 打靶。

2 帽厂。

3 如图所示。

4 如图所示。

5 跳水运动员。

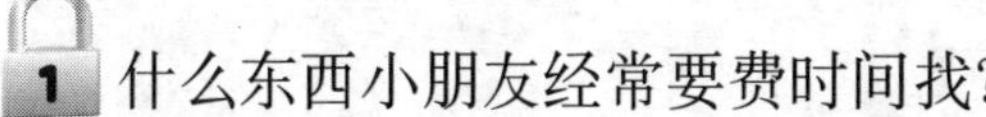

1 什么东西小朋友经常要费时间找？

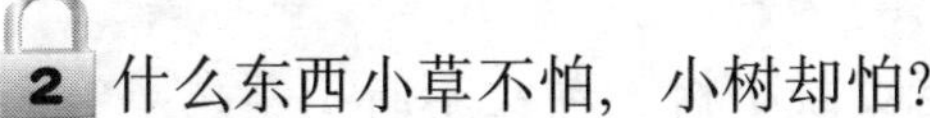

2 什么东西小草不怕，小树却怕？

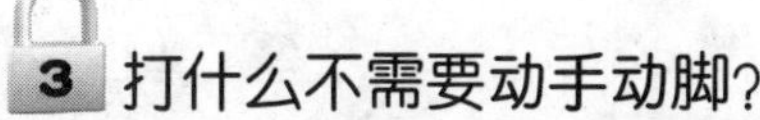

3 打什么不需要动手动脚？

4 当有人问你：“什么问题最难答？”你该用什么回答？

5 一部很好的收音机接通电源后，却没有声音，为什么？

1 答案。

2 风。风能吹断小树，却吹不断小草。

3 打鼾，打主意。

4 用嘴回答。

5 还没有调台。

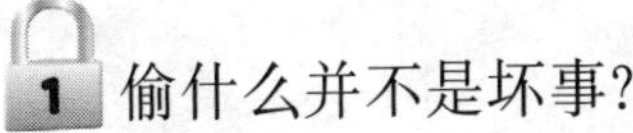
1 偷什么并不是坏事?

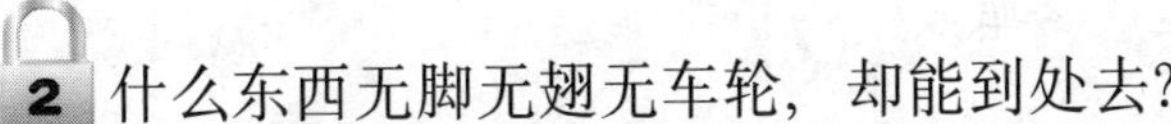
2 什么东西无脚无翅无车轮，却能到处去?

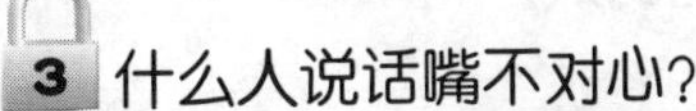
3 什么人说话嘴不对心?

4 下图有一支普通圆珠笔和一张白纸，现在，只让你用 3 秒钟的时间，你怎样才能写出最多的字?

5 三好学生王小明在学校里捡到了 10 元钱，他为什么不把钱交给老师?

1 偷笑。

2 船。

3 歪着脖子说话的人。

4 迅速拿起笔在纸上画一条长线，然后在有线处把纸撕成许多小块，这许多的小块纸上就都有一个“1”。

5 那10元钱是他自己掉下的。

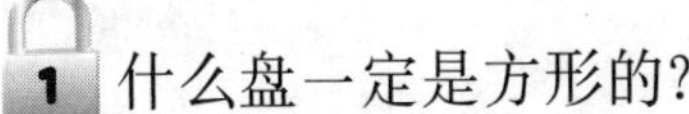

1 什么盘一定是方形的?

2 什么东西小时像朵花，大时满山爬?

3 各种东西通常是越用越少，什么东西越用越多呢?

4 怎样照相能最快看到相?

5 一只小鸟在老王家的树上生了一个蛋，蛋掉进了老李家的院子，那么这个蛋应该属于谁呢?

1 算盘。

2 火。

3 学问。

4 往镜子前一站，就能最快照出自己的相。

5 属于小鸟。

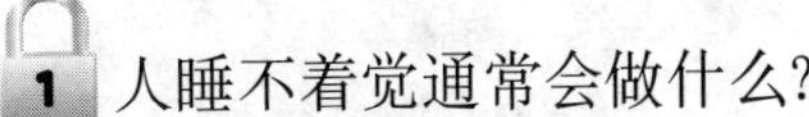
1 人睡不着觉通常会做什么?

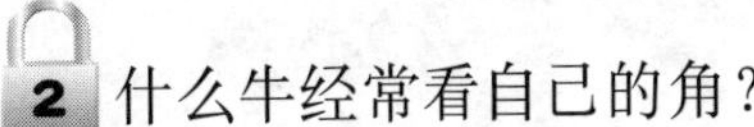
2 什么牛经常看自己的角?

3 你能只切三刀就把一个圆形蛋糕分成形状大小都差不多相等的八块吗?

4 有一只小狗从不咬人，可是从前天开始，人人见到它都害怕起来，这是为什么?

5 什么东西要用两部摄影机才能拍摄?

1 闭目养神。

2 犀牛。

3 先从侧面水平切入，将上下一分为二，然后在蛋糕上切一个十字形(两刀)就行了。

4 这只狗患有传染病。

5 就是摄影机本身。要拍一部摄影机，就得用另外一部摄影机。

1 穿什么东西不能急？

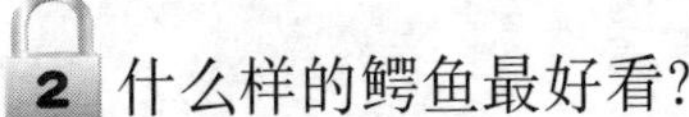

2 什么样的鳄鱼最好看？

3 什么路不能走？

4 什么人最爱看《儿童画报》？

5 一只脚踩到了香蕉皮当然很倒霉，可比这更倒霉的是什么？

1 穿针。

2 玩具鳄鱼。

3 绝路。

4 儿童。

5 两只脚都踩到了香蕉皮。

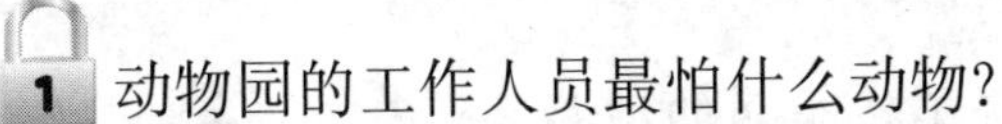

1 动物园的工作人员最怕什么动物？

2 上学时不要掉什么？

3 小夫子的英语会话非常好。有一天，一位英国人向他问路，他却听不懂，你知道为什么吗？

4 大夫子右手的小指受伤了，那么他应该用哪只手写字？

5 什么人在街上会停下脚步来望天空？

1 得了传染病的动物。

2 不要掉队。

3 英国人用广东语问他，他不会广东话，所以听不懂。

4 还是右手，因为小指不影响拿笔。

5 在街上流鼻血的人。

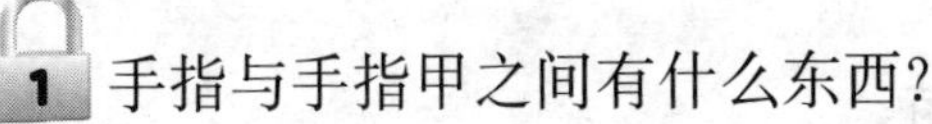

1 手指与手指甲之间有什么东西?

2 什么地方能使长得丑的人变得不难看?

3 大夫子送了一份礼物给小夫子,为什么小夫子一下子就把它故意弄坏?

4 什么人胆小如鼠?

5 各种汽车通常开出后, 只要没有停下, 都会变得越来越轻, 为什么?

1 细菌。

2 暗的地方。

3 因为礼物是鞭炮，一点火就坏了。

4 见到猫就怕的人。

5 因为车里的汽油越用越少。

1 什么掌不要拍？

2 什么虎最小？

3 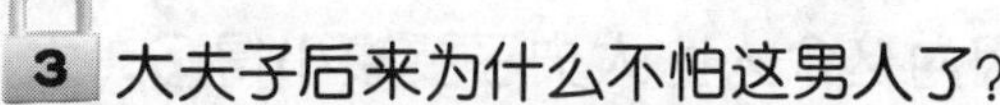
大夫子后来为什么不怕这男人了？

4 大夫子拍广告时总是无精打采，还打瞌睡，为什么他还能拍出出色的广告？

5 李华晚上回家，肚子很饿。家里没有人，但桌上有八宝粥、豆豉鲮鱼、罐装可乐，你猜他一进家门就会先打开什么？

1 仙人掌。

2 壁虎。

3 因为这个人比大夫子要矮小得多，大夫子没必要怕他。

4 让大夫子拍安眠药的广告。

5 先打开灯。

1 医生的孩子大多是在哪里出生的?

2 什么人常常受气?

3 两个人打完篮球后，一起从篮球场走了出来。分手后，脸很干净的一个拿出纸巾擦了擦脸才回家。而另一个的脸上沾有黑印，却不擦干净就回家了，为什么呢?

4 捣蛋鬼用毛巾把小华的双眼蒙住了，想让他分不清东南西北的方向，但有两个方向是小华一定知道的，是哪两个方向?

5 上课的时候，王老师用粉笔画了一个人，你知道他是从哪里开始画的吗?

1 产床上。

2 饭店厨房里蒸包子的人。

3 因为脸干净的人看见对方的脸脏，以为自己的脸也脏，于是就擦干净脸；而脸脏的一个看见对方的脸干净，便以为自己的脸也干净，自然不擦脸。

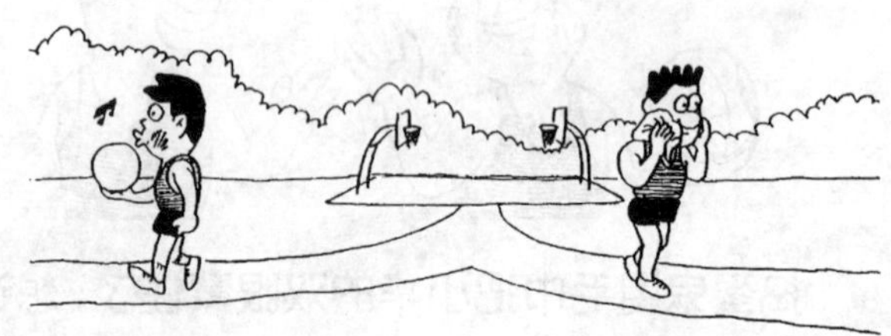

4 向上和向下的方向。

5 黑板。

1 某校有两名长相、声音、发型和穿着都一样的双胞胎兄弟，但老师在教室和学生们玩游戏时，却从不会误认他们，为什么？

2 中国的什么海最多人去过？

3 小夫子没有打中小旗，可是这一鞭却比大夫子的任何一鞭都打得准，为什么？

4 大夫子赛跑时脚摔伤了。他不借助任何东西，也不爬行，为什么能到达终点？

5 某个城市有两家“大华大酒店”。可是，当一名陌生人上了一辆出租车后只说：“去大华大酒店”。司机一听，就知道他要去的是哪一家酒店了。这是为什么？

1 他们不在一个班。

2 上海。

3 如图所示。

4 如图所示。

5 出租车当时就停在其中的一家大华大酒店门口。

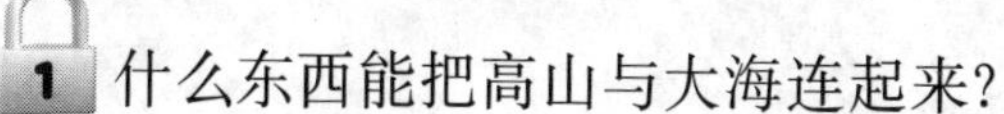
1 什么东西能把高山与大海连起来?

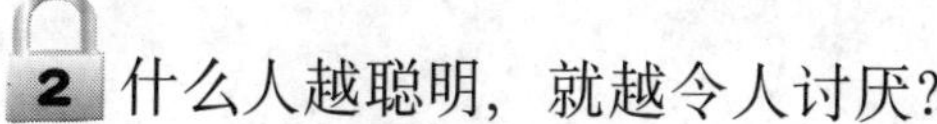
2 什么人越聪明，就越令人讨厌?

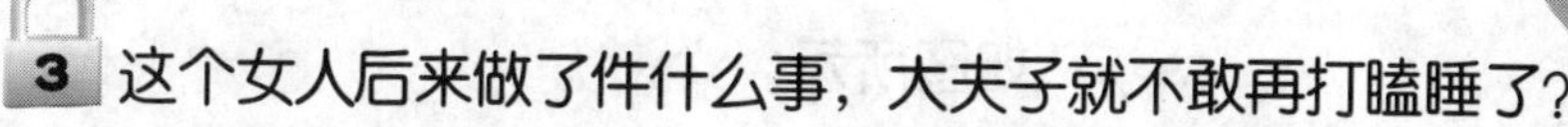
3 这个女人后来做了件什么事，大夫子就不敢再打瞌睡了?

4 大夫子有什么办法轻易地拉着狗前进?

5 什么东西工作时一只脚站，一只脚走?

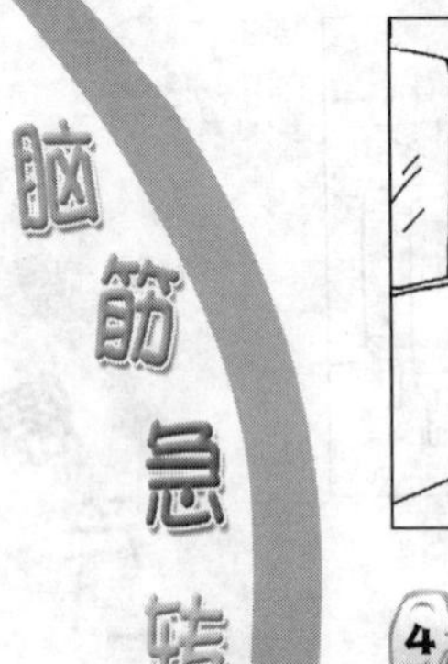

1 江河。

2 坏人。

3 如图所示。

4 如图所示。

5 圆规。

1 什么人只用一只手就能挡住急行的车辆?

2 什么东西是穷人与有钱人都拥有的?

3 什么东西要等二十多年才长得出来?

4 笑星王在院子的小鱼池里养了一条珍贵的鱼。他怕有人来偷，于是就让一条大狼狗守住院子。大狼狗一直都守在鱼的旁边，可是鱼还是被人偷走了。这是怎么回事?

5 有一个交通警察伸手想拦住几辆汽车, 可是却一辆也没有停下, 为什么?

1 交通警察。

2 生命。

3 胡子。

4 因为盗贼把狗连鱼一起偷走了。

5 交通警察已经下了班，穿的是便服，他伸手想叫出租车。

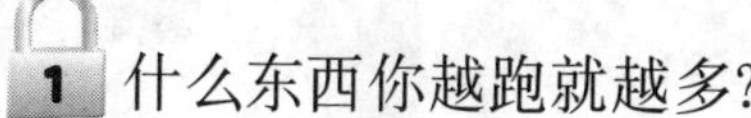

1 什么东西你越跑就越多?

2 什么东西要工作得先喝热水?

3 一个鸡蛋从离地一米高处掉在水泥地上,为什么没有破碎呢?

4 小夫子在地上画了一条线,为什么大夫子却跨不过去?

5 有一个人不慎从桥上掉进河里,有一些人见到了,却没有一个人去救,为什么?

1 汗。

2 热水袋。

3 因为那是一个煎熟了的荷包蛋。

4 因为那条线画在墙边。

5 掉进河里的人是一个被警察追捕的歹徒。

1 什么国在美国的国土里?

2 上什么山最可怕?

3 塑料桶通常装什么东西装得更多?

4 捣蛋鬼说他能令任何坏了的表前进，他是怎样做到的?

5 有两个人在一个广场站岗，一个脸朝南，一个脸朝北，他们却能彼此看到对方的脸，这是为什么?

1 联合国。

2 刀山。

3 空气。

4 他拿着坏表走，坏表就跟着他前进了。

5 二人面对面站岗。

1 大象的什么东西最长？

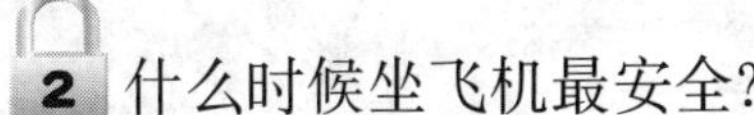

2 什么时候坐飞机最安全？

3 什么问题人人知道而答“不知道”？

4 什么声音就在你的身边，你却怎么也听不见？

5 什么人工作最专心？

1 血管。

2 地震的时候。

3 说“不知道”这三个字的时候。

4 自己打呼噜的声音。

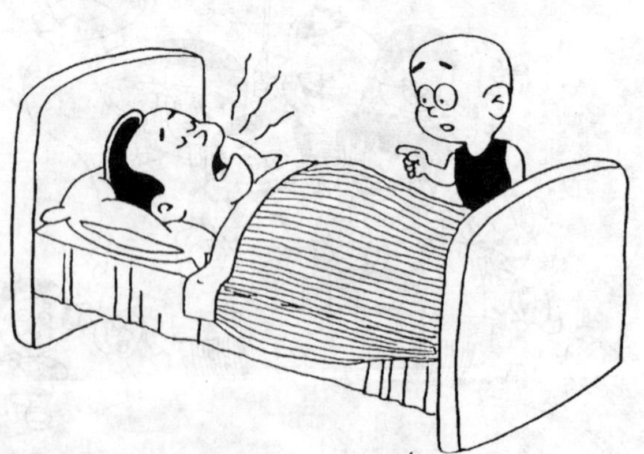

5 心脏科医生。

1 什么兵只能进，不能退？

2 什么东西的尾巴翘得最高？

3 玩笑王不小心把杯子里的茶弄倒在桌布上，桌布却没有湿，这是怎么回事？

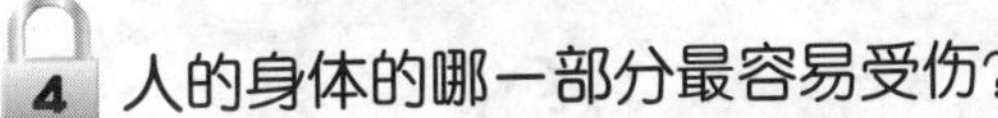

4 人的身体的哪一部分最容易受伤？

5 小明能用灌蓝墨水的钢笔写出黑字，为什么？

1 棋盘上的兵卒。

2 在空中飞行的飞机。

3 因为杯里的茶叶还没有冲水。

4 皮肤。

5 他写的是“黑”字。

1 猪的后脚什么时候能碰到猪嘴？

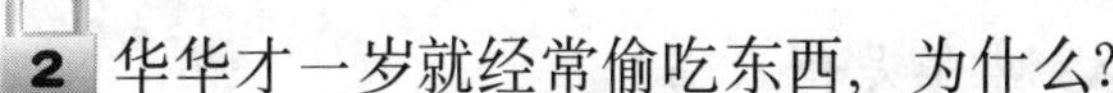

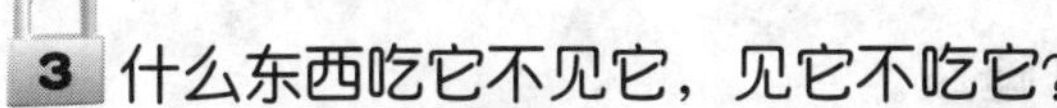

4 8的一半除了是4外，还可以是哪两个数字？

5 为什么一家大饭店的菜单上没有饭？

1 当猪脚和猪嘴放在一起卖时。

2 华华是一只猫。

3 唾液。

4 0和3。

5 菜单上一放有饭，客人们就不方便拿起来看了。

1 什么人看电影时最不容易被电影情节所感动?

2 河水很急，在河里的小强却不害怕，为什么?

3 除了英语，讲什么语的人最多?

4 有一瓶酒，瓶口用软木塞塞住。在不许敲碎酒瓶，不许拔去木塞，不许在塞子上钻孔的情况下，大夫子怎样才能喝到瓶中的酒?

5 小林读了 15 年书，却还在初中一年级的班上，这是怎么回事?

1 电影本身的编剧。因为他们早就知道电影的内容了。

2 他站在只淹了小腿的浅水处。

3 本国语言。

4 将瓶塞捣进酒瓶里即可。

5 他是教师，教初中一年级。

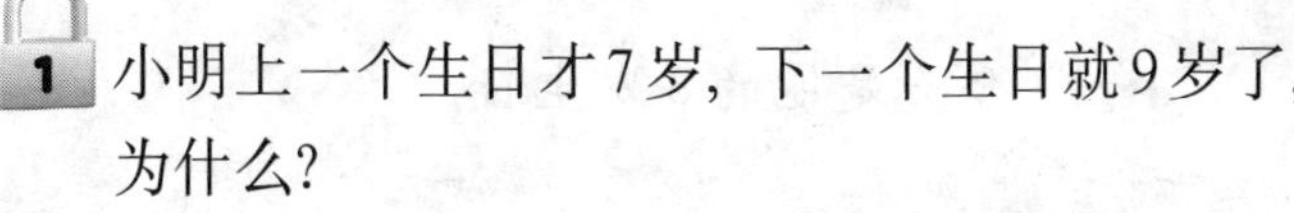

1 小明上一个生日才7岁，下一个生日就9岁了，为什么？

2 什么东西站着是圆的，躺下是方的？

3 听到抢劫声，大夫子破门而入后，屋主对他很生气，为什么？

4 小夫子有什么办法能使别人看到大夫子的脸，却不知道他的腮肿了？

5 什么人爱在考场上东张西望？

1 今天是他的8岁生日。

2 席子。

3 如图所示。

4 如图所示。

5 监考老师。

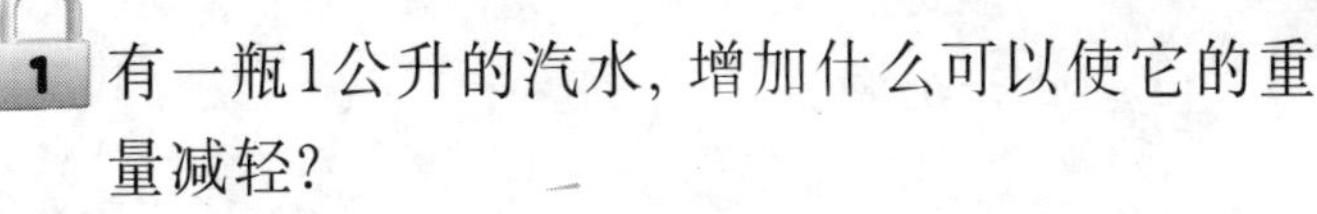

1 有一瓶1公升的汽水，增加什么可以使它的重量减轻？

2 什么人有走不完的路？

3 有一位教授，见他的两个儿子正在写毛笔字，就想考考他们的智慧。他拿出两本一样厚度的日记本，叫他们在日记本上每页都画一条线，看看谁先画完。他们怎样才能画得最快？

4 一个汽水瓶从离地2米的高处掉在水泥地上，为什么却没有破碎呢？

5 开出租车的小王今天改为开货车了，你认为他开什么最开心？

1 一个洞。

2 前途无限的人。

3 大儿子每翻开一页后都在上面画上一条线，小儿子则把日记本的侧面用毛笔涂黑了一片，这样每翻开一页都会见到纸边的一条黑线，这是最快的方法。

4 因为地上是湿水泥。

5 开玩笑。

1 什么东西你拿走越多，反而越大？

2 元帅与老师有什么分别？

3 你能用头顶住一个足球，一个小时都不让足球掉下来吗？

4 小夫子没有爬，也没有借助任何工具，却到一棵大树的树梢上去了，为什么？

5 大象的耳朵为什么那么大？

1 洞。

2 差一横。

3 把气放掉再顶。

4 因为大树倒在地上。

5 因为大象生长在热带地区，很需要“扇子”。

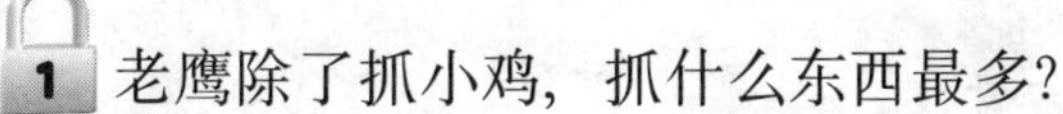
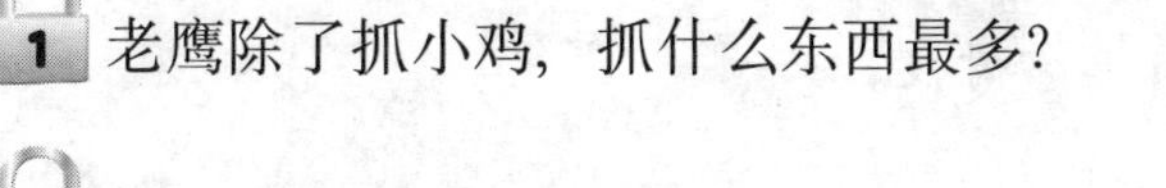

1 老鹰除了抓小鸡，抓什么东西最多？

2 大鱼大肉吃得越多，人的什么就越差？

3 你怎样才能把一条手巾和一块小石头扔到同样远的地方？

4 小夫子没有弄洒和倒出桶里的水，就使提起的两桶水都变轻了，这是怎么回事？

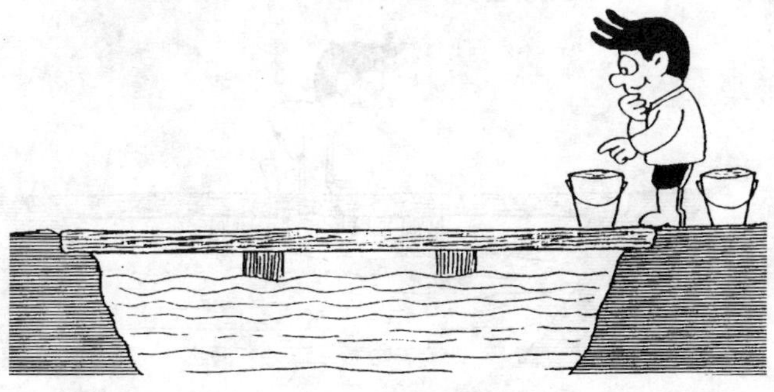

5 有一个中学生从不把老师叫做“老师”，但大家也没有批评他，为什么？

1 树枝。

2 胃口。

3 把手巾包住石头后再扔。

4 他伸开两手各提一个桶站在桥上，让装满水的桶浸浮在河里，然后弯着腰向前走。

5 因为他是在美国读书，当然用英语来称呼老师。

1 什么人没有钱却经常拿钱给别人？

2 什么人跟书在一起时间最长？

3 3个人要分碗里的3个鸡蛋，怎样才能使每个人分到1个鸡蛋后，碗里还有1个鸡蛋呢？

4 下图有两个放在室外的瓶子，一个装着汽水，另一个装着一个面包。在不增加任何东西的情况下，你怎样才能让两个瓶子里的东西在几天内都保持干净呢？

5 小明在家里的桌上写了一个字，家里却同时出现了两个这样的字，为什么？

1 银行职员。

2 历史人物。

3 把最后的一个鸡蛋连碗一起分给人。

4 把广口瓶罩在汽水瓶上，如图所示。

5 他在一面镜子前写字。

1 黄牛的眼睛像什么?

2 什么布剪不断?

3 小夫子为什么要主动把钱扔给强盗?

4 大夫子从下水道里爬出来后，他该用报纸遮挡什么地方最不丢人?

5 捣蛋鬼见草地中心处有一条毛毛虫、一只壁虎和一只螳螂，他想把它们都踩死，你猜他会先踩什么?

1 奶牛的眼睛。

2 瀑布。

3 如图所示。

4 如图所示。

5 先踩草地。

1 战场上哪里的子弹最稠密？

2 什么东西你若接受肯定不知道，你若知道肯定不会要？

3 什么动物没有头？

4 不改动一笔，怎样才能使下图的式子成立？

5 一个男人和一个抱着婴儿的女人共撑一把普通的伞，却没有一个人淋湿，这是为什么？

1 弹药车里。

2 伪钞。

3 螃蟹。

4 把书侧过来看。

5 当时没有下雨。

1 排骨烧豆腐，里面有什么?

2 什么东西有气难出?

3 玩笑王竟然在一张纸上写出了一个比这张纸的纸面更大的字，你能猜到他是怎样做到的吗?

4 狗为什么见到陌生人爱汪汪地叫?

5 空冰箱能装多少瓶一公升的汽水?

1 有软有硬。

2 轮胎。

3 他用毛笔蘸了满满的墨水，沿着纸边写了一个“口”字，然后拿起纸，墨水直往下淌，“字迹”就超出了纸面。

4 因为它们不会说话。

5 一瓶，因为装了一瓶之后就不再是空冰箱了。

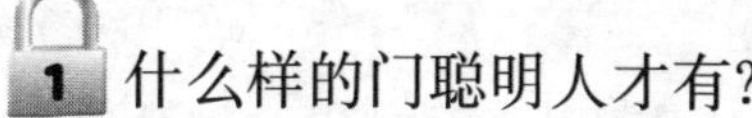
1 什么样的门聪明人才有？

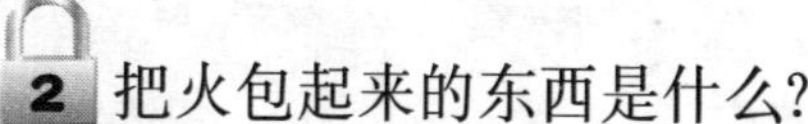
2 把火包起来的东西是什么？

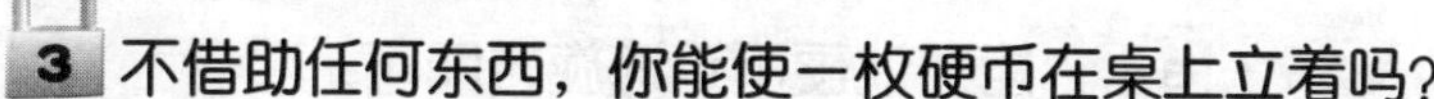
3 不借助任何东西，你能使一枚硬币在桌上立着吗？

4 什么很轻松的事不能只用一只手去做？

5 小华在水里认真地洗澡，为什么洗了半天，身上还是脏的？

1 窍门。

2 灯笼。

3 能。让硬币迅速旋转即可。

4 戴手套。

5 他在河里洗澡，河水不干净。

1 什么东西越擦越脏?

2 猪在什么时候会咬猪舌头?

3 这里共有4个三角形，你能把它们都找出来吗?

4 将4颗糖放在3张圆形的纸上，你能使每张纸上都有2颗糖吗?

5 有一只老鼠在泥地里挖了一个地洞，洞里却没有泥，为什么?

1 抹布。

2 当你给猪喂猪舌头时。

3 下图的三个三角形，“4”字里还有一个三角形。

4 如图所示。

5 既然是“洞”，就是把泥土已经挖掉，所以洞里是不会有泥的。

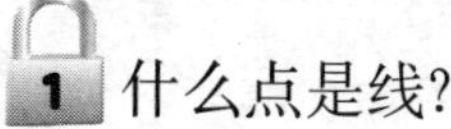

1 什么点是线?

2 什么人在热闹的街上裤裆开裂了，不会有人笑话?

3 大夫子帮丽丽把鞋根安得很牢固，可丽丽穿上这只鞋后仍然无法走路，这是为什么?

4 大夫子在跟靶子保持相同距离的情况下，怎样才容易射中红心?

5 给绝食的人5个面包，他马上吃了两个。过了一个小时，他又吃了一个面包。绝食的人吃了几个面包?

赛跑的起点。

幼儿。

如图所示。

4 如图所示。

5 一个，再多吃就不是“绝食的人”了。

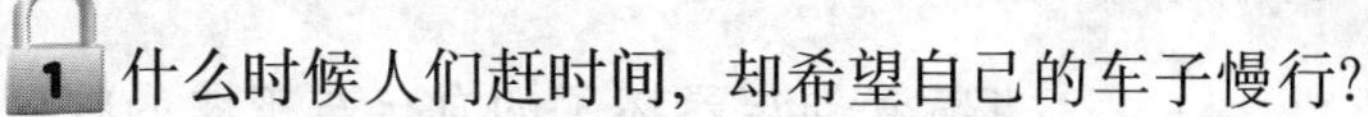

1 什么时候人们赶时间，却希望自己的车子慢行？

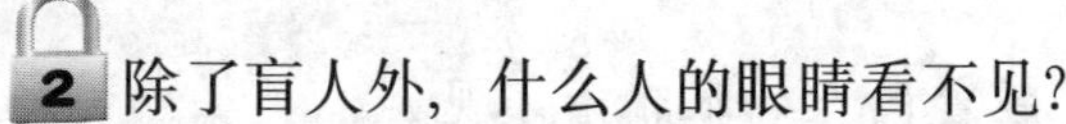

2 除了盲人外，什么人的眼睛看不见？

3 2 + 3 在什么情况下不等于 5？

4 桌上有10根点燃的蜡烛，突然一阵风刮来，吹灭了2根，小夫子上前又吹灭了3根，最后桌上还有几根蜡烛？

5 张老师很讨厌数学，却找了一份整天接触数字的工作，那是什么工作？

1 当骑着刹车器坏了的自行车下坡的时候。

2 睡着的人的眼睛看不见。

3 当你算错了的时候。

4 5根。被吹灭的这5根没有燃尽，其他没被吹灭的都燃尽了。

5 音乐作曲或乐器演奏。

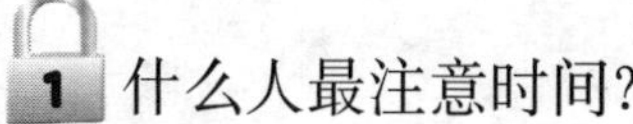
1 什么人最注意时间?

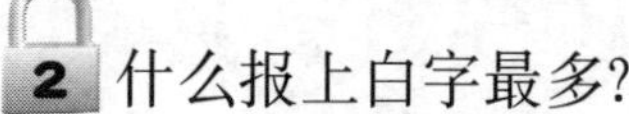
2 什么报上白字最多?

3 什么尖东西人们喜欢拿它刺自己?

4 世界上的每一个人看什么东西最多?

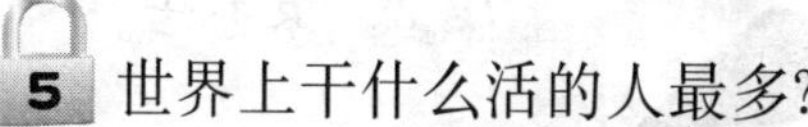
5 世界上干什么活的人最多?

1 修表工。

2 黑板报。

3 牙签。

4 光。

5 家务活。

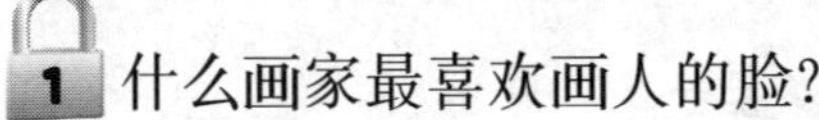

1 什么画家最喜欢画人的脸?

2 用两个字解释“不准短斤少两”。

3 大夫子得了乒乓球冠军，又得了射击冠军，可为什么没有人佩服他呢?

4 参加什么比赛的运动员最爱眨眼睛?

5 有一个贼，有手枪不用却改用刀，为什么?

1 爱化妆的画家。

2 保重。

3 他和乒乓球冠军比赛射击；和射击冠军比赛乒乓球。

4 拳击手。

5 他改邪归正了，现在从事卖猪肉的职业。

1 什么人不想吸烟却经常要吸烟?

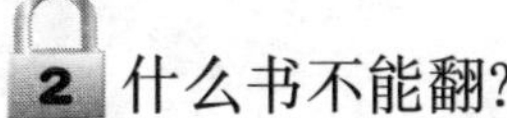

2 什么书不能翻?

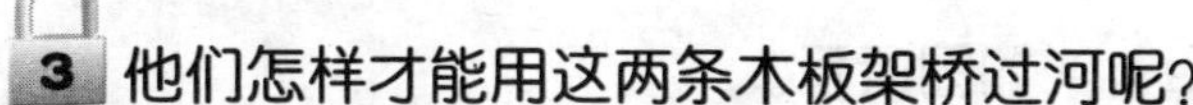

3 他们怎样才能用这两条木板架桥过河呢?

4 小夫子有什么办法为这位胖小姐照出一张脸不胖的相片?

5 坐在飞机上的老王怎样才能使他前进的速度更快?

1 消防员。

2 评书。

3 如图所示。

4 如图所示。

5 在飞机上往飞机头走。

1 在医院，最容易发生什么事？

2 什么人不学虚假的东西？

3 小华的爸爸和妈妈见到小华被人打得脸上直流血，为什么却不去帮忙也不去报警？(不是在拍电影)

4 下图有两块用纸片剪成的数字“7”和“1”。用这两个数字能摆成最小的正数是多少？

5 胖子跟什么人合影比较好？

1 看病。

2 真才实学的人。

3 因为小华正在进行拳击比赛。

4 如图所示。

5 跟比他更胖的人合影比较好，这样会使他显得瘦一些。

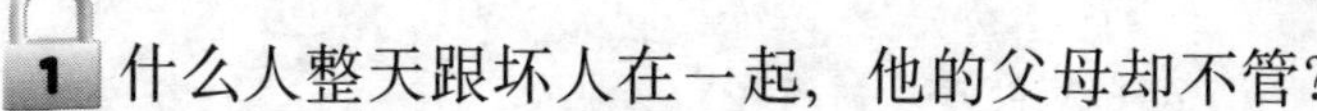

1 什么人整天跟坏人在一起，他的父母却不管？

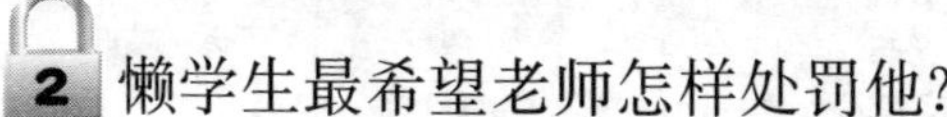

2 懒学生最希望老师怎样处罚他？

3 有一张画，四边长牙，那是什么东西？

4 有一个人手持猎枪。他把一顶帽子挂在一个地方，然后闭上眼睛到处走动，每走十几步就开一枪，每次他都能打中帽子，这是为什么？

5 小明经常吃了不卫生的东西肚子疼，你猜医生让他去买什么呢？

脑筋急转弯大全

1 狱警。

2 开除他。

3 邮票。

4 他将帽子挂在他的枪口上。

5 一副眼镜。

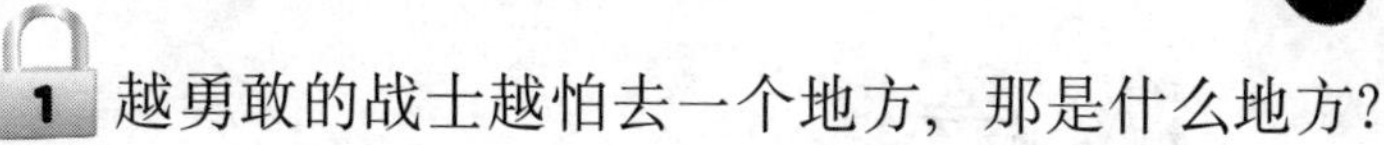

1 越勇敢的战士越怕去一个地方，那是什么地方？

2 什么人最怕吃饭？

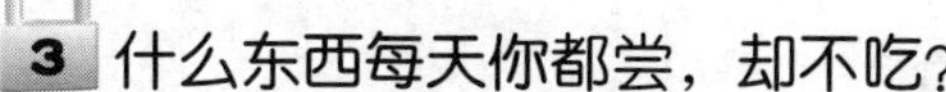

3 什么东西每天你都尝，却不吃？

4 张老师在评阅该校五年级学生的现场作文比赛试卷时，竟然发现有3张一模一样的卷子，这是怎么回事？(考场并没有任何人作弊)

5 某乡来了一个一流的理发师，乡里的人都找他剪发，每个人的头发都剪得好，却有一个人的头发剪得不好，那个人是谁？

1 后方。

2 只会吃奶的婴儿。

3 牙膏。

4 有3名考生见到考题后，没有信心，便放弃了比赛，只交了白卷。

5 就是理发师本人，因为没有跟他同样好的理发师给他剪发。

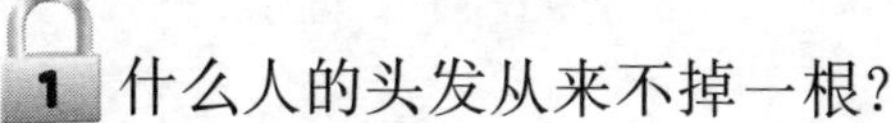

1 什么人的头发从来不掉一根？

2 看恐怖电影时，什么人的脸最白？

3 只有一只脚的椅子为什么也能让人坐稳？

4 什么东西吃得越饱跳得越高？

5 小明家有一只白猫和一只黑猫，你知道哪一只不喜欢捉老鼠？

1 三毛。

2 白种人。

3 那就是下图这种椅子。

4 皮球。

5 懒的那一只猫。

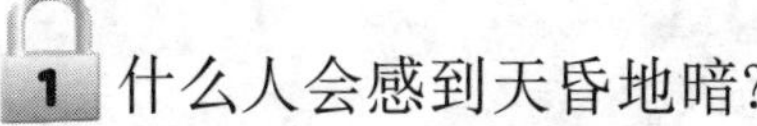

1 什么人会感到天昏地暗?

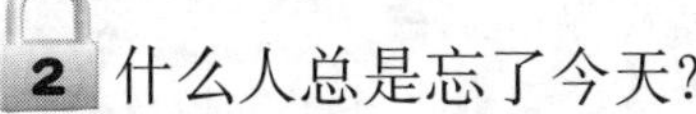

2 什么人总是忘了今天?

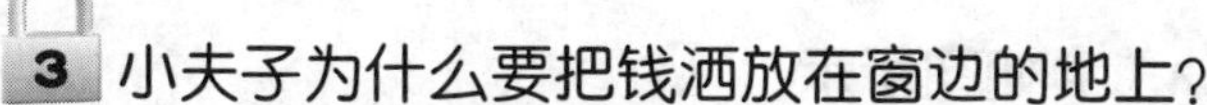

3 小夫子为什么要把钱洒放在窗边的地上?

4 在哪里打仗没有受伤，只有死亡?

1 戴太阳镜的人。

2 懒人。

3 如图所示。

4 在军棋棋盘上。

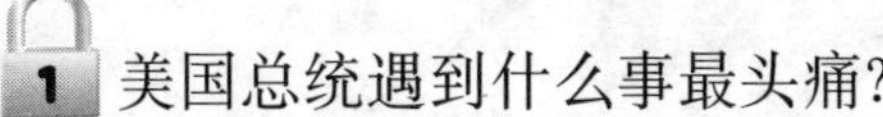

1 美国总统遇到什么事最头痛?

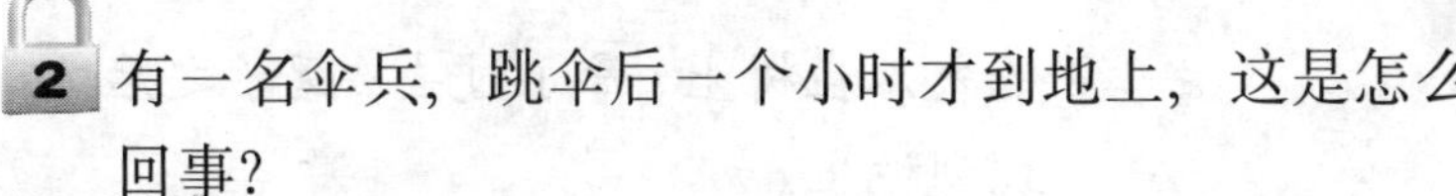

2 有一名伞兵，跳伞后一个小时才到地上，这是怎么回事?

3 小孩子玩什么东西最多?

4 打鸟要带鸟枪，打鱼要带鱼网，打蛇要带什么?

5 新奇士橙是从哪里来的?

1 发烧。

2 他先落在树上，晕了过去，醒了之后才跳到地上。

3 手。人在婴幼儿时期就整天玩手。

4 胆量。

5 水果店买的。

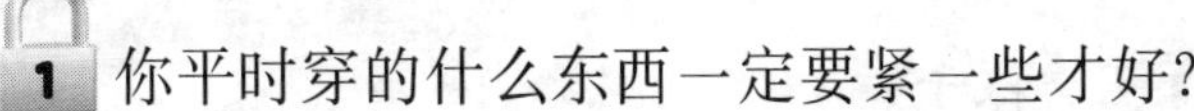

1 你平时穿的什么东西一定要紧一些才好？

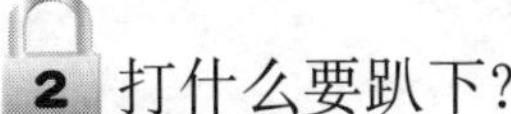

2 打什么要趴下？

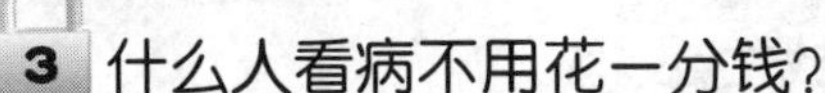

3 什么人看病不用花一分钱？

4 什么人的出生年份写出来后正看和倒看都是一样的？

5 小夫子走进一家安有空调的饭馆，并且坐在空调的旁边，却感到比外面更热，为什么？

1 袜子。

2 打埋伏。

3 受伤的战士。

4 1961年出生的人。

5 因为空调并没有打开。

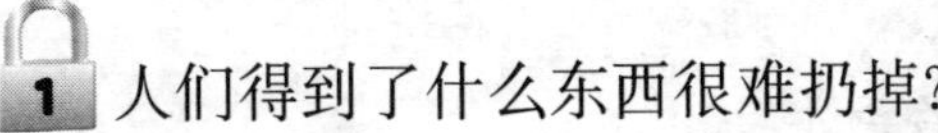

1 人们得到了什么东西很难扔掉?

2 学生做什么作业不伤脑筋?

3 医生劝胖子减肥。胖子问:“有没有不用减肥就能使我看起来瘦一些的办法?”医生说有，你猜是什么办法?

4 什么水放在盆里变化最快?

5 兄弟两人同时走在马路上, 一个赤露上身, 一个却身穿棉衣, 这是为什么?

1 坏名声。

2 罚抄书。

3 增高。

4 热水。热水一变冷就不是热水了。

5 在同一时间，他们一个在南方走路，一个在北方走路。

1 什么东西从嘴里吃进去却要从它的肚子里掏出来?

2 什么东西只在冬天长，而且根儿都朝上?

3 比四个嘴大一点的东西是什么?

4 除了空气，什么气人们最喜欢得到?

5 小明在路上向一对夫妇问时间，他们两人的表都很准，可是两人告诉小明的时间却不相同，为什么?

1 邮筒。

2 冰柱。

3 “器”字。

4 力气。

5 他们各把时间过了多少秒也告诉给小明了，由于说话的先后不同，报出的详细时间也不同。

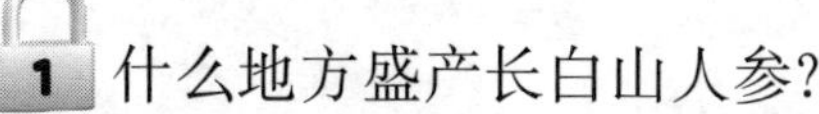
1 什么地方盛产长白山人参？

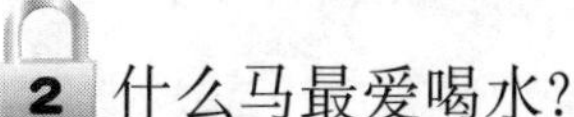
2 什么马最爱喝水？

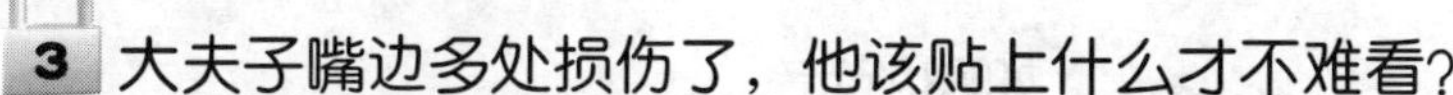
3 大夫子嘴边多处损伤了，他该贴上什么才不难看？

4 大夫子有什么办法站在地上，就很容易地把篮球投进篮网里？

5 一把电钻，钻头长40厘米，钻头每10秒钟能钻进墙里2厘米。钻了30秒后，钻头还有多长？

1 长白山。

2 海马。

3 如图所示。

4 如图所示。

5 还有40厘米，因为钻头还是那么长。

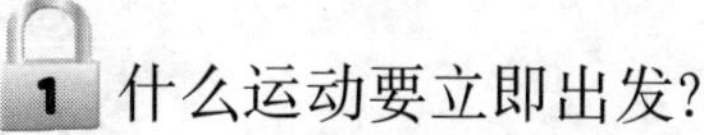

1 什么运动要立即出发?

2 哪种山最难爬?

3 大夫子不是运动员，也很怕热，他为什么却喜欢在大热天最热的时候去室外做运动?

4 一辆小汽车刚出厂时的最快速度为每小时100公里，为什么在10年后的一天，它却以每小时120公里的速度前进?

5 有一个人整天什么事也不做，却犯了错误，这是怎么回事?

1 马上运动。

2 爆发的火山。

3 因为他是去游泳。

4 那是将汽车装放在火车上，火车以每小时 120 公里的速度前进。

5 什么事也不做，懒惰就是他的错误。

1 什么电视最好看?

2 什么东西越小就越高?

3 什么人说话算数?

4 用什么可以测出朋友间感情的深度?

5 什么人最难看?

1 新电视最好看。

2 飞机。飞机飞得越高，看上去就越小。

3 数学老师。

4 时间。

5 猿人。

1 在非洲，最常见的东西是什么？

2 李军收到了一张100元的假钞，却非常高兴，为什么？

3 捣蛋鬼在小明家玩，他的手很脏，就去摸一叠干净的白纸，把很多纸都弄脏了。小明后来看过每一张纸的正反面，却没有发现有任何脏的地方。这是为什么？

4 下图有大、中、小三个杯，现在给你6粒瓜子，你能同时让大杯装6粒，中杯装3粒，小杯装1粒吗？

5 王小姐每天都把整个嘴唇涂上厚厚的红唇膏，她用的唇膏质量很差，但却从来没有在她喝水的杯子上留下任何红印迹，为什么？

1 土地。

2 他是一名负责查假钞案的警察，现在发现了线索，当然高兴啦。

3 他把一叠纸的侧面弄脏了(如图)。

4 如图：

5 她每次都是用吸管吸水喝。

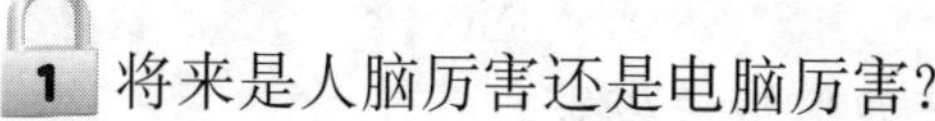
1 将来是人脑厉害还是电脑厉害？

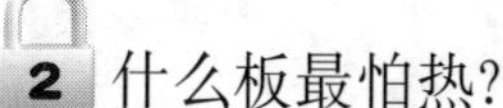
2 什么板最怕热？

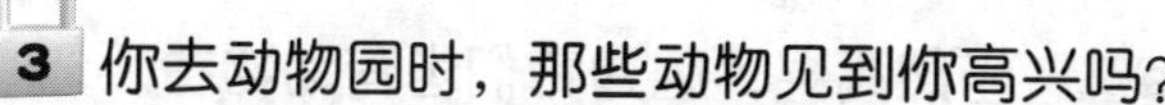
3 你去动物园时，那些动物见到你高兴吗？

4 三名同学在马路上捡到了一张 100 元的钞票。他们每个人应该分多少钱才对？

5 什么人最容易说错话？

1 人脑加电脑最厉害。

2 手板。

3 当然高兴，因为它们也有动物看。

4 他们应该交给警察才对。

5 学外语学得最多的人。因为在练习每个字的发音时，就会经常出错。

1 能载人的什么车最小？

2 什么东西越移动颜色越浅？

3 不移动大箱，小夫子有什么办法让船通过桥洞呢？

4 看画人买了什么令大夫子不满意？

5 不照镜子，怎样才能看到自己的左鼻翼？

1 滑板车。

2 烟。

3 如图所示。

4 如图所示。

5 闭上右眼，只用左眼看。

1 比组长管的人更少的是什么长?

2 小华赤着脚量身高，今天却比昨天高了1公分，为什么?

3 人们每次出门后，什么地方会越来越近?

4 一个装过整袋生猪肉的塑料袋不经过洗擦，怎样用来直接装苹果才能使苹果沾上的油为最少呢?

5 医生帮小华拔掉了蛀牙，小华却说不知道牙还痛不痛，为什么?

1 家长。

2 因为他刚才头顶撞了个1公分高的包。

3 目的地。

4 把袋子翻过来再装。

5 他是说不知道拔下的蛀牙还痛不痛。

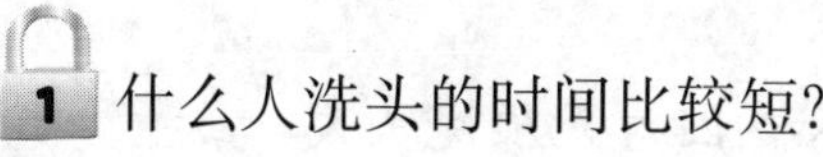

1 什么人洗头的时间比较短？

2 司机最会开汽车，医生最会开药方，老师最会开什么？

3 捣蛋鬼写了一句请求语给别人看，可看见的人都跟他唱了反调，你知道那是一句什么话吗？

4 什么人的脚印比脚小？

5 在什么地方可以连续走5个小时也不用转弯？

脑筋急转弯大全

1 秃头的人。因为无须洗头发。

2 开口讲课。

3 “请别看这句话。”

4 穿高跟鞋的人。

5 在往下的自动扶梯上不停地往上走，或者在往上的自动扶梯上不停地往下走。

1 什么国喜欢的人最多?

2 喜欢走钢丝的人还喜欢走什么?

3 什么东西有风不动无风动?

4 有一个农民只养了一头牛，为什么他却搞不清自己是丢了一头牛，还是丢了两头牛?

5 为什么小夫子说，圆珠笔都比毛笔长?

1 祖国。

2 走险。

3 扇子。

4 他养的一头母牛在即将生产时丢了。农民出远门回来，不见了母牛，如果母牛在这段时间生产了，那他就丢了两头牛。

5 “圆珠笔”有3个字，毛笔只有2个字。

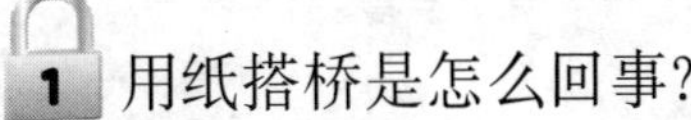

1 用纸搭桥是怎么回事?

2 一名货车司机不小心把小明撞倒了，小明却没有受伤，为什么?

3 什么坏人最可怕?

4 为什么猪会那么肥?

5 小明把一张白纸上的灰尘都抖干净了，白纸上还有东西吗?

1 没用的事。

2 货车司机当时在走路。

3 表面是好人的坏人。

4 因为猪有太多的肉。

5 有指纹。

1 什么水越晒越多?

2 什么人整天贪吃贪睡也不工作，为什么还有很多人喜欢他们?

3 小夫子的枪为什么比大夫子的枪更容易把蜡烛打灭?

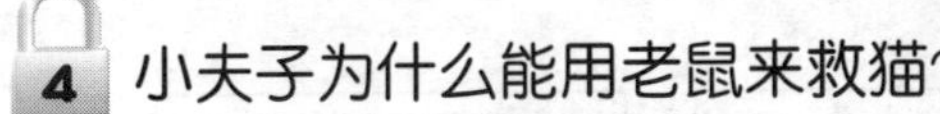

4 小夫子为什么能用老鼠来救猫?

5 什么东西能瞒天过海?

1 汗水。

2 婴儿。

3 如图所示。

4 如图所示。

5 潜水艇。

1 什么动物有脚不能走，无血能变红？

2 不爱读书的学生最喜欢上什么课？

3 一辆载着一条长铁链的货车要通过一座小桥，可是超重了1000公斤。不弄断铁链，司机有什么办法让车把铁链运过桥？

4 每隔1米在地上做1个记号，相隔10米需要做几个记号？

5 给一位耳朵听不见任何声音的残疾人安装一部电话铃一响就发光的电话有什么好处呢？

1 虾。

2 体育课。

3 用卡车拖着铁链过桥吧。

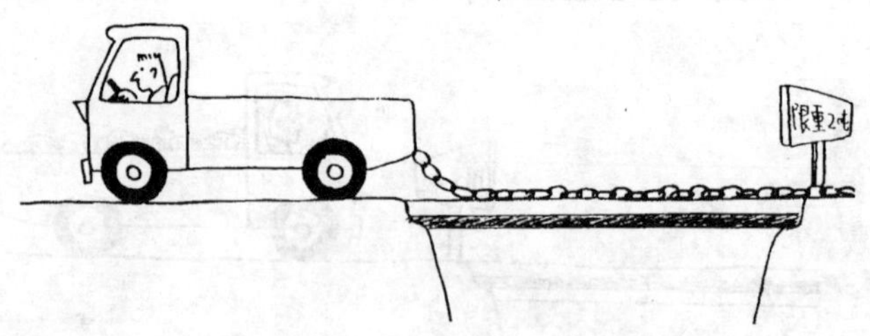

4 共需做11个记号。

5 没有好处，耳聋人能听电话吗？

1 什么花人们最喜欢得到?

2 什么水用得越多越聪明?

3 什么东西每天都坏一点?

4 一个烈日炎炎的中午，笑星王不慎掉进河里了。你猜他的什么东西最先落到水里?

5 有两个人站在平坦的空地上，当时只有太阳光照射在他们的身上。他们要比赛谁的影子小，结果，高的一位却赢了，为什么?

1 光荣花。

2 墨水。

3 日历。每天都要撕下一张。

4 他的影子。

5 当时太阳正在他们的正上方，高的一位比较瘦，所以产生的影子就比较小。

1 什么兵坐着打仗?

2 哪种裤最不耐穿?

3 怎样洗手最好?

4 什么东西人们天天抬?

5 小明说:“明天真的要上学。”老师听了这话就要罚他,为什么?

1 坦克兵。

2 纸尿裤。

3 双手一起洗最好。

4 抬头。

5 老师要他用“天真”造句。

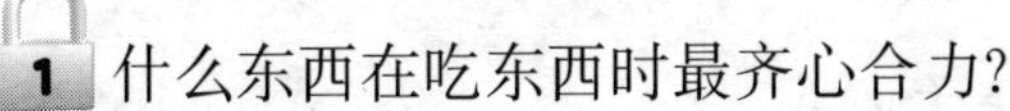

1 什么东西在吃东西时最齐心合力?

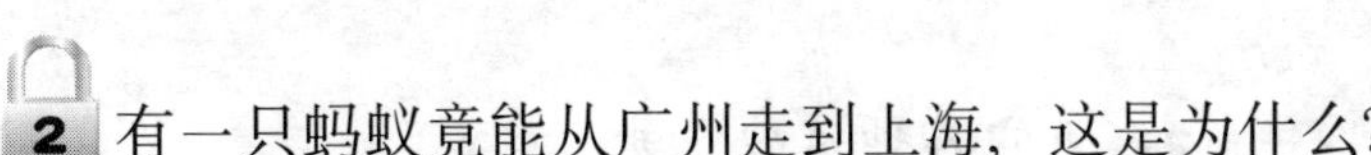

2 有一只蚂蚁竟能从广州走到上海，这是为什么?

3 一天，笑星王在游泳池里，却还不停地喊热。为什么?

4 什么情况下东西最难找?

5 牵着羊进照相馆的人想做什么?

1 筷子。

2 它在地球仪上走。

3 一个烈日炎炎的中午，他在一个放了水的泳池里清洁泳池。

4 迷路时，你往往找不出哪边是东，哪边是西。

5 出洋(羊)相。

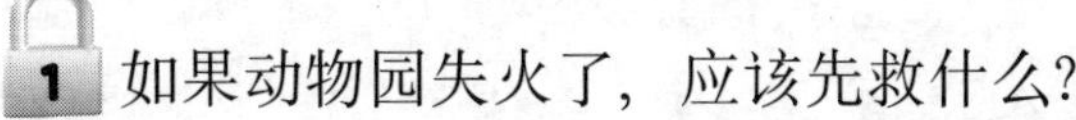

1 如果动物园失火了，应该先救什么?

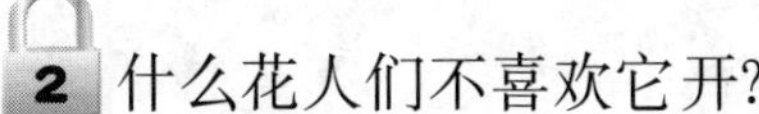

2 什么花人们不喜欢它开?

3 小夫子为什么要拿着钱来到强盗这边呢?

4 什么动物会用枪?

1 人。

2 泪花。

3 如图所示。

4 蜜蜂和蚊子。

1 什么门一安就是两个?

2 什么人有 3 只脚?

3 大夫子对小夫子说:“不管你做什么,我都能模仿。”小夫子于是说出了两件事,大夫子听了就认输了。你能想到那是什么事吗?

4 什么东西一出门就倒立?

5 有一道加法算式题,三个加数都不相同,但把整道算式上下颠倒来看,算出的结果还是一样,你能想出这道算式题吗?

1 球门。

2 嘴里正在吃一只动物脚的人。

3 小夫子说："我睡觉后打鼾，我闭着眼睛做体操。"

4 雨伞。

5 1 + 6 + 9。

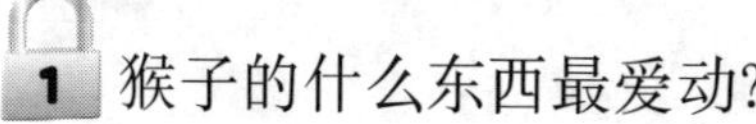
1 猴子的什么东西最爱动?

2 什么时候是人命关天的时候?

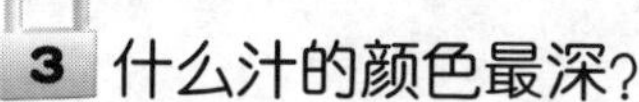
3 什么汁的颜色最深?

4 用橡皮擦什么会越擦越脏?

5 “小明脸上”的中间是什么?

1 心脏。

2 宇航员在太空的时候。

3 墨汁。

4 擦干净的白纸。

5 "朋"字。

1 什么地方的好人最多?

2 找不到筷子的人该用什么吃饭?

3 什么东西身体体形跟你不一样，名字却和你一样?

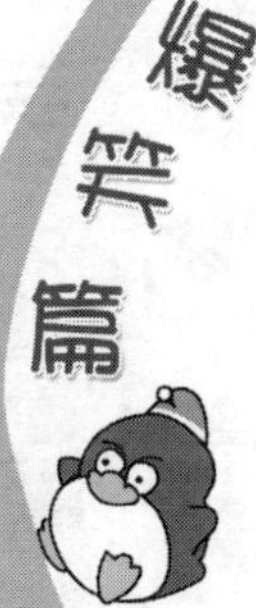

4 用“1”和“0”除了能组成“10”字外，还能分别组成哪几个数字?

5 油画代销店的老板对画家王明说:“你的画我看得最久。”王明听了却不高兴，为什么?

1 亚洲。亚洲的人最多，好人也就最多。

2 用嘴。

3 图章。

4 6，9。

5 这说明王明的画放在店里的时间最长，没有人买。

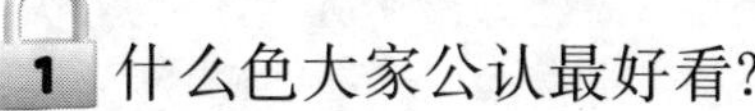

1 什么色大家公认最好看?

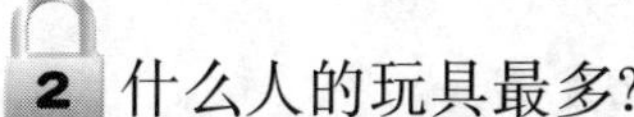

2 什么人的玩具最多?

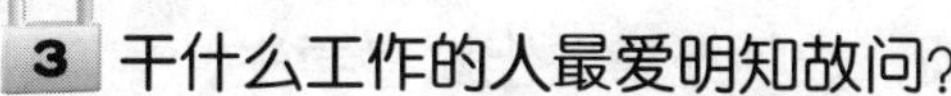

3 干什么工作的人最爱明知故问?

4 你接触过能飞的什么东西最大?

5 一个小偷见到地上放着一袋钱，四周没有一个人，他却不去偷，这是为什么?

1 彩色。

2 玩具制造商和批发商。

3 教师，教师经常要出题考学生。

4 地球。

5 那是他自己放在地上的钱。

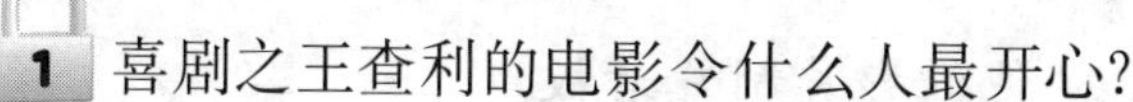

1 喜剧之王查利的电影令什么人最开心?

2 什么地方的人用脚对着你?

3 小夫子为什么要骗强盗说，他的钱包掉进下水道里了?

4 大夫子只剃了半边脸的胡子，剃须刀坏了。他当时找不到任何可以用来剃胡须的工具，这时，他有事急着去医院，只好想了一个办法使别人不知道他只剃了半边脸的胡子。他用的是什么办法?

5 小丽偏偏要在电影最精彩的时候去厕所，这是为什么?

1 他的影片制片老板。

2 地球那边的人。

3 如图所示。

4 如图所示。

5 那时厕所才没有人，不用等。

1 考试考得不好的人，第一件事要做什么?

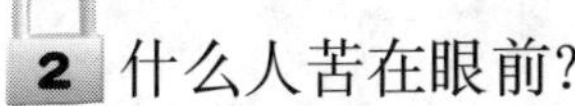

2 什么人苦在眼前?

3 独木桥只能容纳一个人走过。这天，小夫子正在过桥，大夫子也从对面走上了桥，他们两人的身体没有任何接触，却都同时过了桥，他们是怎样过桥的呢?

4 有黑、白、红三个铁环，黑白两环已经焊在一起。如果不许弄开这两个铁环，你能使三个铁环按黑、红、白的顺序连在一起吗?

5 身体健全的张伟为什么不能从一只蚂蚁的身上跨过去?

脑筋急转弯大全

1 把试卷交上去。

2 鼻子痛的人。

3 小夫子在桥上走，大夫子则把整个身体垂在独木桥下面，双手抱着独木桥向前移动。

4 能。如下图所示，将铁环焊在一起放在地上，这三个环便是按黑、红、白顺时针方向的顺序连在一起的。

5 蚂蚁在墙上爬。

1 到了南极后，不能做什么事?

2 什么东西看不见，摸不着，失去后永远找不回?

3 什么东西可以用破洞来装水?

4 下图桌子上用火柴摆出了一道错误的式子，要使这道算式变得正确，至少需要移动几根火柴?

5 有一个小学生手里拿着一个足球和十几个土豆，他到底是怎样空手拿住这些东西的呢?

1 向南走。

2 时间。

3 海绵。

4 1根。按下图所示移动1根火柴，然后到桌子对面去看即可。

5 他把足球放了气，用瘪的足球托着土豆走。

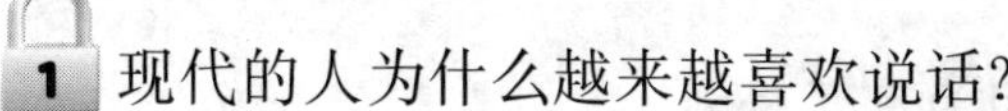
1 现代的人为什么越来越喜欢说话？

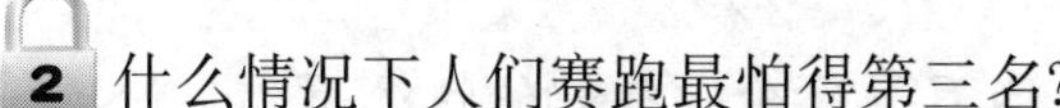
2 什么情况下人们赛跑最怕得第三名？

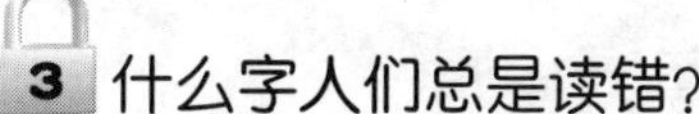
3 什么字人们总是读错？

4 除了影子，什么东西最爱跟你一起走？

5 船翻了，船上的两个人掉到水里，可是只有其中一人头发湿了，这是怎么回事？

1 因为有了手机。

2 当只有三个人赛跑的情况下。

3 “错”这个字。

4 月亮。

5 其中另一个人是秃头。

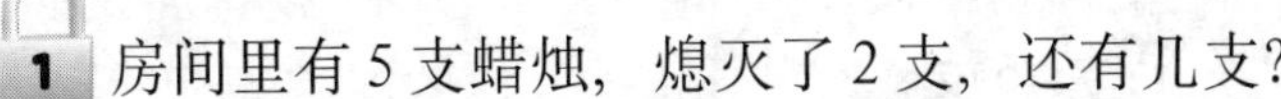

1 房间里有 5 支蜡烛，熄灭了 2 支，还有几支？

2 什么路不走车也不走人？

3 左边的画画得比较好，大夫子却要右边的，为什么？

4 小夫子家里没有猫，他也没让别的猫进屋，却让猫帮忙把藏在家里的老鼠赶跑了，他是怎样做的呢？

5 防止跌倒的最好的办法是什么？

1 5支。

2 电路、线路。

3 如图所示。

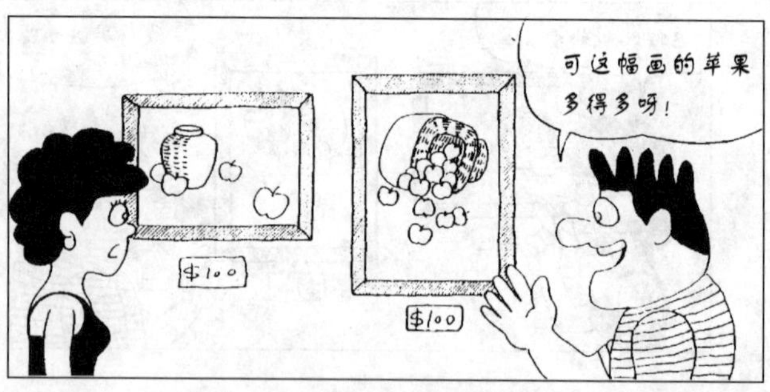

4 如图所示。

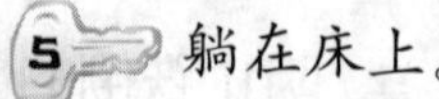

5 躺在床上。

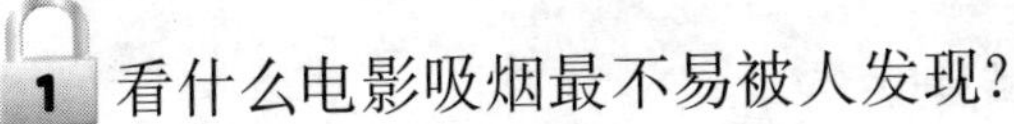

1 看什么电影吸烟最不易被人发现?

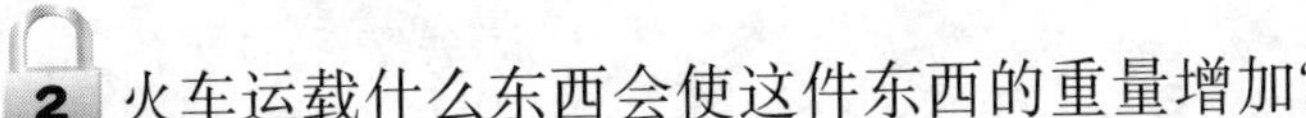

2 火车运载什么东西会使这件东西的重量增加?

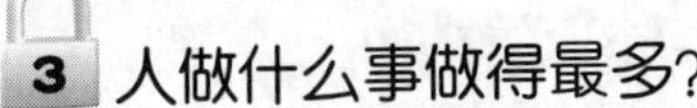

3 人做什么事做得最多?

4 空中的什么地方空气最差?

5 有些老人虽然骗人，却不会令人讨厌，你知道他们干了些什么骗人的事吗?

1 战争片。

2 磁铁。

3 呼吸。

4 烟囱向空中飘烟的地方。

5 染发，表演魔术。

1 不想做白日梦该怎么办?

2 什么人最爱斤斤计较?

3 中国人用什么外国字最多?

4 一位警长遇到一个难题：肇事现场的玻璃窗户上留下了两颗子弹打穿的痕迹，但周围的人都只听见一声枪响。这是怎么回事?

5 小华家住2楼，他叔叔住对面3楼，小华去叔叔家又返回来，共上下多少层楼?

1 只在晚上睡觉。

2 举重比赛的裁判员。

3 阿拉伯数字。

4 这是一个推拉窗户，因两扇玻璃重叠，所以一发子弹同时打穿了两块玻璃。

5 6 层楼。

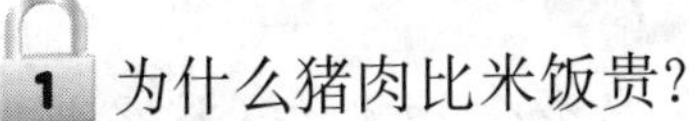

1 为什么猪肉比米饭贵？

2 什么船最快？

3 小夫子为什么能把一块木板打到离自己一百米的地方？

4 这里一共有几个圆？

5 用力扔皮球，不让球碰到其他物体，而能使球回到你手中，你能做到吗？

1 因为一头猪吃了那么多食物才长了这么些肉。

2 宇宙飞船。

3 因为他站在一百米高的悬崖边把木板往悬崖下面打。

4 5个。问号的小圆点也算在内。

5 能，将皮球向上扔。

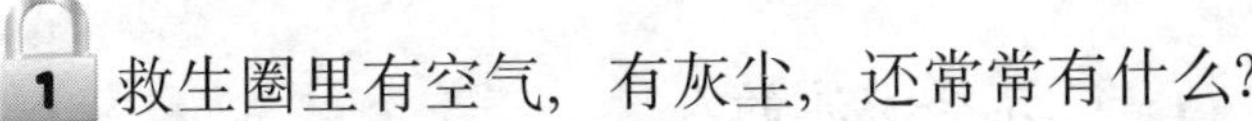

1 救生圈里有空气，有灰尘，还常常有什么？

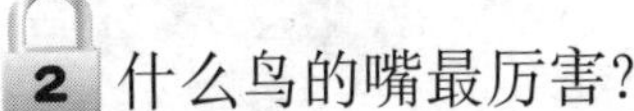

2 什么鸟的嘴最厉害？

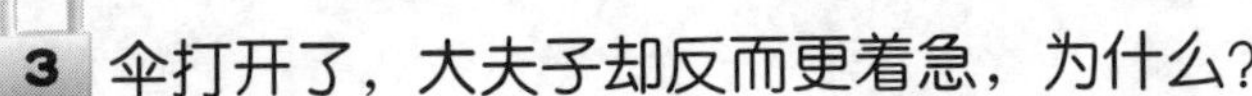

3 伞打开了，大夫子却反而更着急，为什么？

4 小夫子有什么办法不让别人看见他姐姐的裙子破了？

5 妈妈要把家里的西瓜分给三个儿子吃，她该怎样做才能确保三个儿子都毫无怨言呢？

1 不会游泳的人。

2 啄木鸟。

3 如图所示。

4 如图所示。

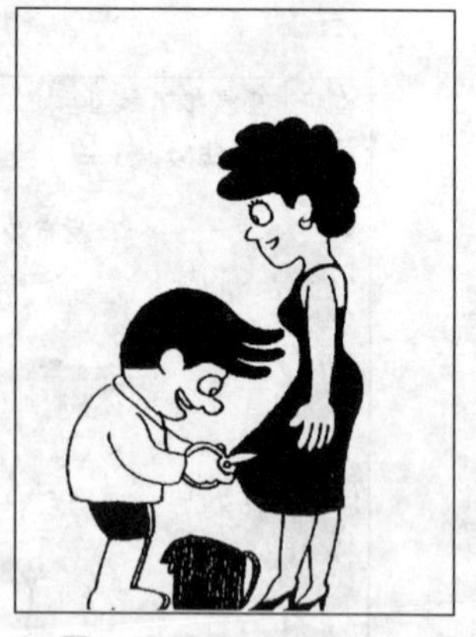

5 准备大量西瓜，让三个儿子怎么吃也吃不完，这样，大致分分，他们所得到的即使有差异，也不会有怨言了。

1 十五块布做衣服该怎么做?

2 什么东西会越远越大?

3 外面下着大雨，玩笑王不打伞，也不穿雨衣就往外面跑，他的爸爸在屋内看见他把身上的衣服全淋湿了，等他回来了却没有责备他，为什么?

4 有两个人都不会游泳，但他们没有借助任何物体就走过了一个池水淹过他们头顶的大泳池，他们是怎样做到的呢?

5 人们常常把自己身上数以万计的东西扔掉了，那是什么东西?

1 七拼八凑。

2 雪球滚得越远就越大。

3 因为他爷爷在外面跌倒了，玩笑王赶着去扶。

4 他们轮流抱着对方走过泳池。

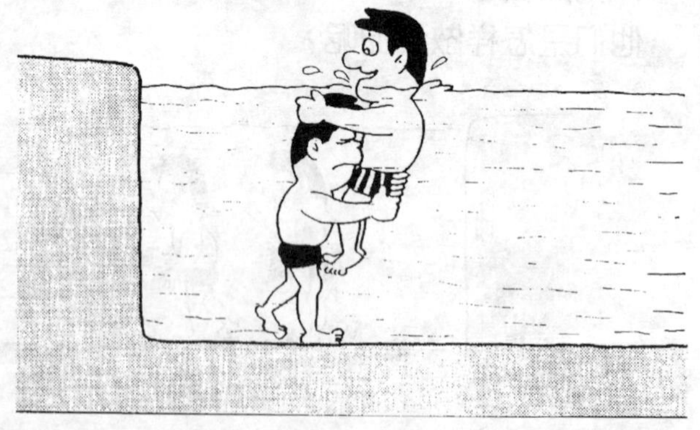

5 细菌(在剪指甲时扔掉了)

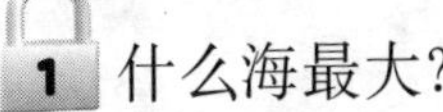
1 什么海最大?

2 王军明明什么事也没有做，却被人责骂，为什么?

3 除了幼儿，哪些人跌倒得最多?

4 小明不小心将他身后的一个玻璃杯撞到地上打碎了。捣蛋鬼见了，告诉小明玻璃杯里原来装有一样固体的东西，小明在地上却怎么也找不到那件东西，这是为什么?

5 一对健康的夫妇，为什么会生出一个没有牙的婴儿?

1 苦海，因为苦海无边。

2 这个人是医生，却见死不救。

3 跳高运动员、摔跤运动员。

4 玻璃杯里装着另一个小玻璃杯。

5 每个初生婴儿都是没有牙的。

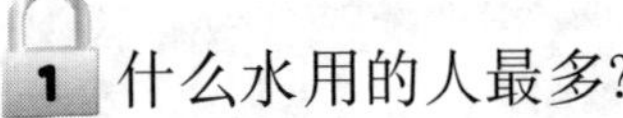
1 什么水用的人最多?

2 为什么人们要吃饭?

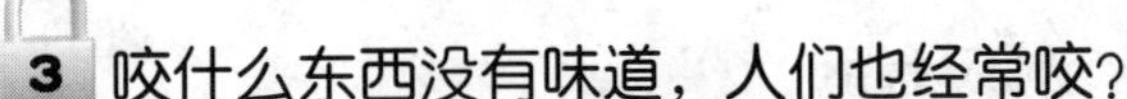
3 咬什么东西没有味道，人们也经常咬?

4 老虎在什么时候也吃草?

5 什么锁小偷最难开?

1 淡水。

2 因为饭没有其他办法进入肚子里。

3 咬牙齿。

4 老虎在吃草食动物时，会把草食动物嘴里和肚子里的草也吃下去。

5 手铐。

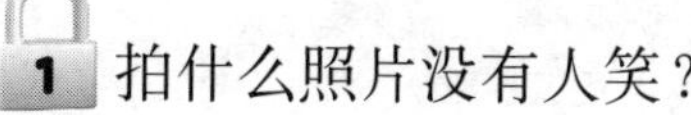

1 拍什么照片没有人笑？

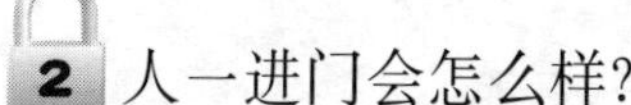

2 人一进门会怎么样？

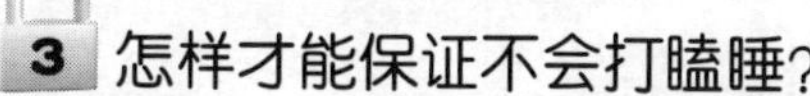

3 怎样才能保证不会打瞌睡？

4 一对双胞胎兄弟，为什么一个属鼠一个属牛？

5 小明和小华朝着相反的方向走，过了一会后，却到达了同一地点，这是怎么回事？

1 X光照片。

2 会成为“闪”字。

3 上床去睡。

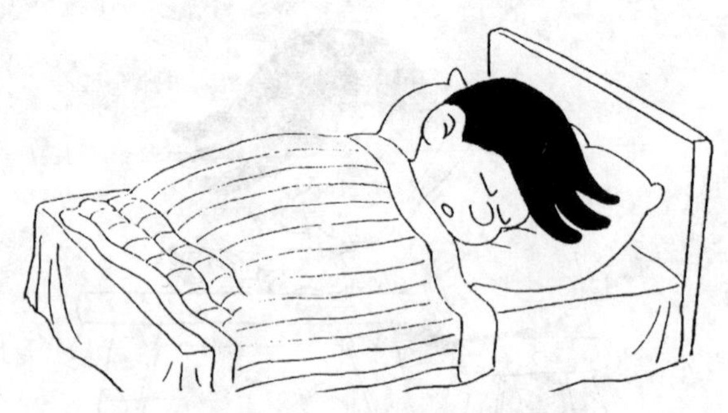

4 因为哥哥在1960年12月31日晚12点前出生，弟弟则生于12点后。

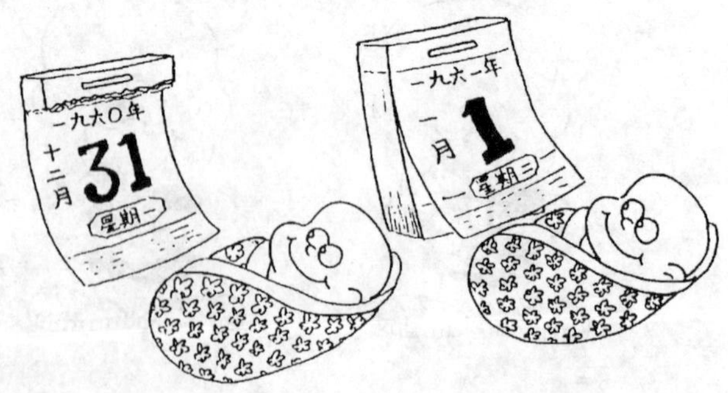

5 两个人一开始就互相面对面走。

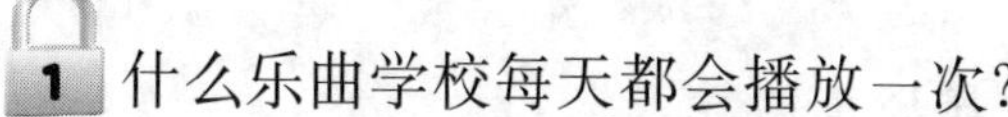
1 什么乐曲学校每天都会播放一次？

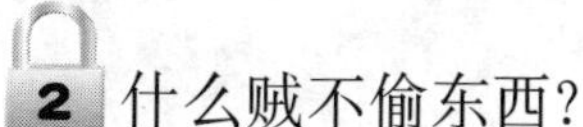
2 什么贼不偷东西？

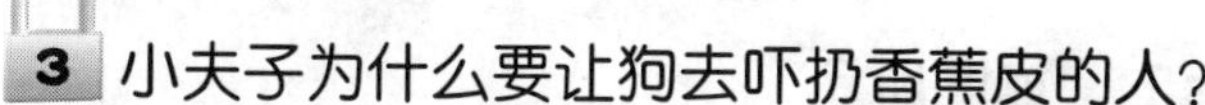
3 小夫子为什么要让狗去吓扔香蕉皮的人？

4 王探长看到有人抢劫银行，却无动于衷，为什么？

1 广播操乐曲。

2 乌贼。

3 如图所示。

4 他看的是电视里的故事情节。

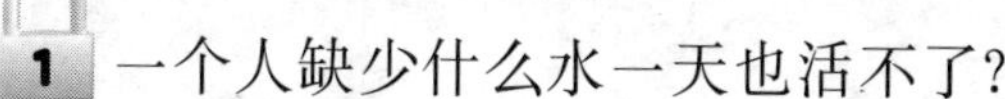
1 一个人缺少什么水一天也活不了？

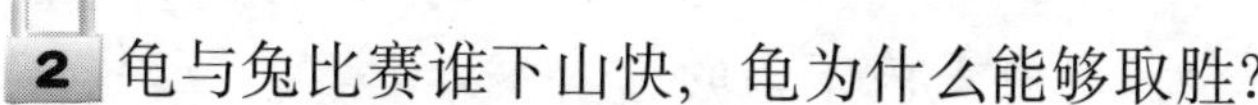
2 龟与兔比赛谁下山快，龟为什么能够取胜？

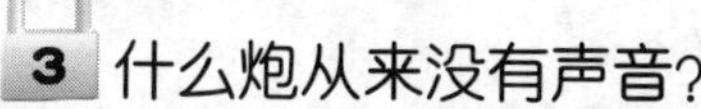
3 什么炮从来没有声音？

4 有一种动物并没有病，人们却常常买药给它们吃。为什么？

5 路边一直放着一架遥控飞机，并没有人看管，不少人见到了，却没有人把它拿走，为什么？

1 口水。

2 龟是滚下山的。

3 象棋里的"炮"。

4 人们买老鼠药给老鼠吃。

5 这是一条围在一个花园里的私家路，走这条路的人都是花园主人的客人和朋友。

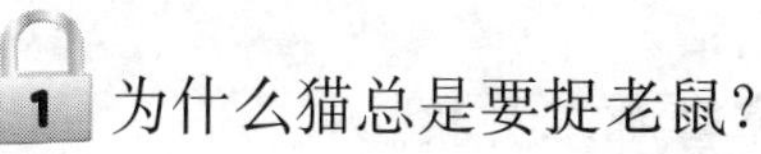

1 为什么猫总是要捉老鼠？

2 骑自行车与骑摩托车除了速度不同，还有什么不同？

3 三个“日”除了可以拼成一个“晶”字，还可以拼成三个什么字？

4 人们通常听到的什么声音最多？

5 王军的英语水平一流，可是当他向一个在英国长大的作家讲英语时，作家却不会听，为什么？

1 因为其它家禽都不去捉。

2 凉快的程度不同。

3 三个“日”如果完全重叠，就还是一个“日”字；如果部分重叠，可以分别拼成一个“田”和一个“目”字。

4 脚步声。

5 这位作家的耳朵聋了。

1 日本的投降书是在哪里签署的?

2 船底雕花是怎么回事?

3 要用一张正方形的硬纸折出2个三角形和3个长方形，至少需要折几次?

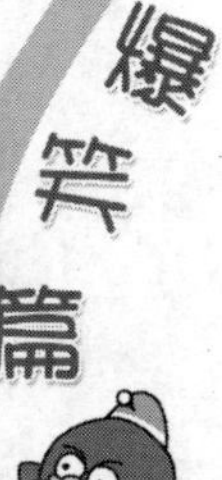

4 有个数字，去掉3就变成14，去掉4就变成30，去掉3和4则变成10，这个数字是多少?

5 小林夜晚离家时，家里伸手不见五指，可是当他半夜回家时，家里的灯却亮着。在他出门的这段时间里并没有人来到他家，为什么他家的灯会亮了呢?

1 在纸上。

2 多余的事。

3 2次。折法如图：

4 三十四。

5 他出门时家里的灯就开着，只是当时停电了。后来电来了，灯也就亮了。

1 什么时候你的牙齿看起来最白?

2 狗最爱看什么东西?

3 什么事做得好不好你最难预料?

4 什么人一工作就坐着，什么事也不做?

5 某歌星在台上唱歌，唱得走调了，为什么台下还传来拍手声?

1. 当你长了一脸黑胡子的时候。

2. 看家。

3. 做梦。你不会知道你会做好梦还是做恶梦。

4. 绘画模特。他们的工作就是坐着不动让画家照着画。

5. 有人打蚊子。

1 小芳为什么连续三年都在一年级上课？

2 张三使劲向狗踢去，狗却没有叫，为什么？

3 什么时候在别人面前讲话喷口水不会令人讨厌？

4 本来他们争吵得很厉害，忽然一下子停止了争吵，当时并没有人或动物过来，为什么呢？

5 什么东西人们看不见，却知道它在往哪里飞？

1 小芳是一年级的老师。

2 没踢中。

3 如图所示。

4 如图所示。

5 灰尘。风往哪里吹，灰尘就往哪里去。

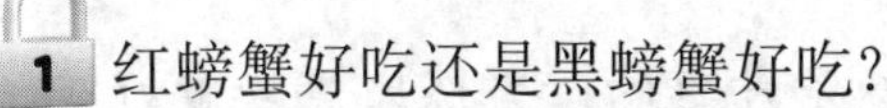

1 红螃蟹好吃还是黑螃蟹好吃?

2 小明与小强今天打架了,可是谁也没有被打痛,为什么?

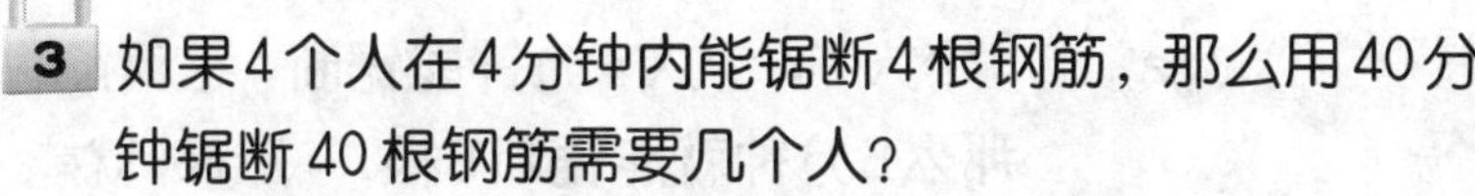

3 如果4个人在4分钟内能锯断4根钢筋，那么用40分钟锯断40根钢筋需要几个人?

4 有一个青年人没有任何犯法的嫌疑，为什么有一个警察要追他?

5 为什么有人说六十九比七十大?

1 红螃蟹是煮熟的，当然比黑螃蟹好吃。

2 他们一起跟别人打架，把别人打痛了。

3 4个人。4个人4分钟能锯断4根钢筋，那么8分钟就能锯断8根，40分钟就能锯断40根。

4 青年人掉了钱包，警察追着把捡到的钱包还给他。

5 “六十九”笔迹所占的面积比“七十”的大。

1 什么城最不平坦？

2 丢什么一定有人知道？

3 小狗咪咪的毛上面有很多跳蚤，为什么它却一点也不觉得痒呢？

4 有兄弟3人，他们的年龄数相乘，所得的积是15，你知道这3兄弟分别是几岁吗？

5 李平家没有人把电饭煲里的米饭弄出来，也没有人吃，一个小时过去了，电饭煲里却没有米饭了，这是怎么回事？

1 长城。

2 丢丑。

3 因为它的毛已被剪下来了。

4 一个1岁，一个3岁，一个5岁，或者一个15岁，2个1岁。

5 李平往米饭里加了水，把米饭煮成了一锅粥。

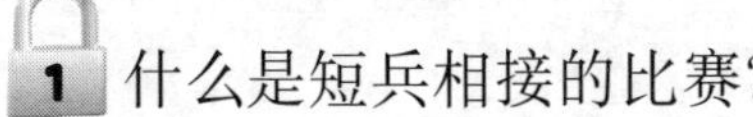
1 什么是短兵相接的比赛?

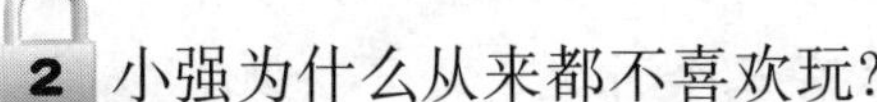
2 小强为什么从来都不喜欢玩?

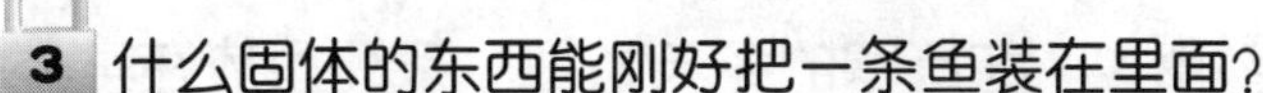
3 什么固体的东西能刚好把一条鱼装在里面?

4 下图有一把长钳和一个大瓶子，怎样做才容易用这把钳把这个瓶子提起来?

5 什么人最容易考到九十多分?

1 象棋比赛。

2 小强只有三个月大，还不会玩。

3 在严寒的冬天，把一条死鱼放在室外淋上水，水结成冰后就把鱼刚好包在里面了。

4 如图所示把钳嘴伸进瓶里，然后使劲张开钳子往上提。

5 能考到100分的人，不尽全力就能轻易地考到九十多分。

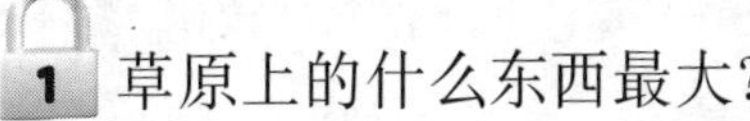

1 草原上的什么东西最大？

2 北京有多少种浴室？

3 一个杯子盛了半杯水，乐观者说："还有半杯水。"悲观者会说什么呢？

4 什么人最爱纸上谈兵？

5 什么人最怀念故乡？

1 天。

2 两种。男浴室与女浴室。

3 悲观者会说："只有半杯水。"

4 爱下军棋或象棋的人。

5 思想家。

1 什么人是数一数二的?

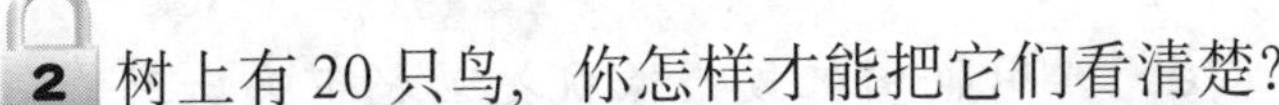

2 树上有20只鸟，你怎样才能把它们看清楚?

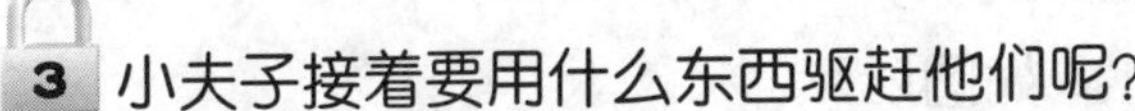

3 小夫子接着要用什么东西驱赶他们呢?

4 大夫子在床上跳来跳去，他的头撞到什么地方会最痛呢?

5 一篇文章一个人读要5分钟，10个人读最少需要多少分钟?

1 得了冠军又得了亚军的人。

2 用照相机或摄像机把鸟拍下来后再看。

3 如图所示。

4 如图所示。

5 5分钟。

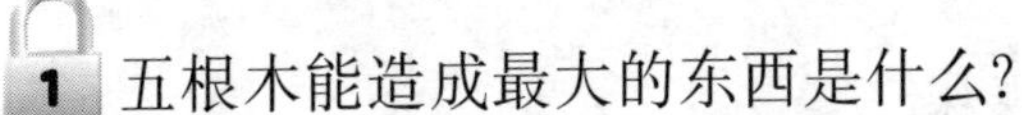

1 五根木能造成最大的东西是什么?

2 东方人和西方人最大的区别是什么?

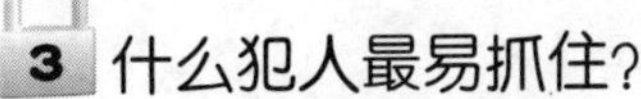

3 什么犯人最易抓住?

4 老王站在20楼天台的围栏上往下一跳，结果只扭伤了脚，这是怎么回事?

5 张三经常给临危的病人猜生死，被他猜的病人都说他猜得准确，从来没有一个病人埋怨他猜不准，为什么?

1 森林。

2 所处的地球的位置不同。

3 自首的犯人。

4 他是往天台里面跳。

5 他猜中的病人如果还活着，当然不会埋怨他；那些他猜不中的病人，即死去的人自然没法埋怨他。

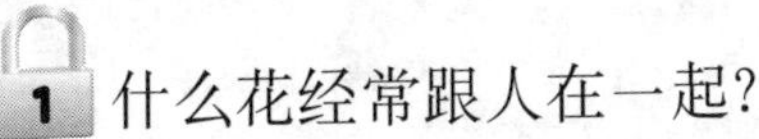

1 什么花经常跟人在一起?

2 某校有一个班，每个人的成绩都是最好的，这是怎么回事?

3 怎样才能最快地把一页练习本写满?

4 什么头要想才有?

5 什么东西人们时常准备好，但却不想用?

1 棉花。

2 这个班的同学都是来自各个学校成绩最好的学生。

3 在练习本上只写一个很大的“口”字。

4 念头。

5 灭火筒。

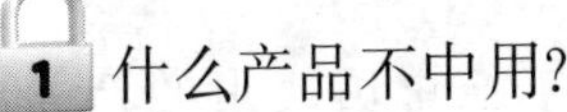

1 什么产品不中用?

2 如果你向动物园笼里的熊猫掷一块石子，会发生什么情况?

3 看下图，小明的耳朵最脏，鼻子第二脏，脸第三脏，他现在要洗脸，你猜他一定会先洗什么?

4 点一根蚊香最少要烧一个钟头，点两根蚊香最少要烧多长时间?

5 有一名警察在热闹的大街上被一个恶贼殴打，人群中却没有一个人出来帮忙，这是为什么?

1 “不中用”当然是指不在中国使用的产品。

2 你被罚款。

3 先洗手。

4 一个钟头。

5 因为恶贼穿着偷来的警服，警察穿着便装。

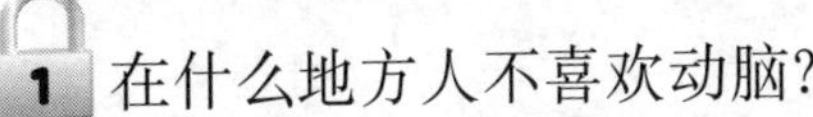

1 在什么地方人不喜欢动脑?

2 什么东西有皮有骨没有肉?

3 大夫子自从结婚后就天天对妻子讲一个笑话,为什么上个月他只讲了二十七个笑话呢?

4 阿胖体重100公斤,可是他未吃饭前却不超过10公斤,这是怎么回事?

5 两个嘴能制造什么声音?

1 床上。

2 灯笼。

3 因为他上个月四号才结婚的。

4 他未吃饭前是指他在吃奶的婴儿时期。

5 回声("回"有两个"口")。

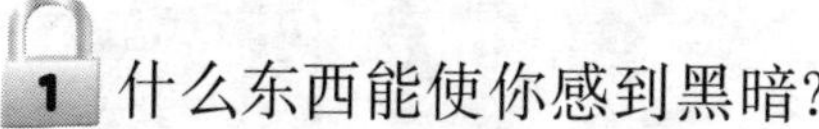

1 什么东西能使你感到黑暗?

2 什么点越多越好?

3 大夫子在车底避雨，该车并没有开动，但他却变得更湿了，这是怎么回事?

4 小夫子为什么要这样说话?

5 自从你出生后，是你睡觉的次数多，还是起来的次数多呢?

脑筋急转弯大全

1 眼皮。

2 优点。

3 如图所示。

4 如图所示。

5 如果出生时算睡着的话,次数就相同。反之,起来的次数就比睡觉的次数多一次。

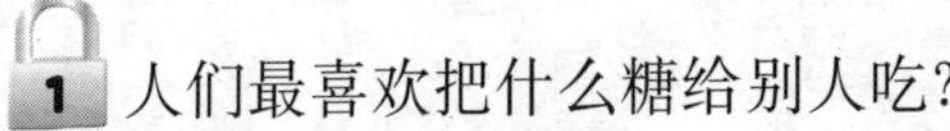
1 人们最喜欢把什么糖给别人吃?

2 妈妈的吻可以叫什么?

3 什么人爱说空话?

4 一支亮着的手电筒放在桌子上，不许用任何东西触碰它，你怎样才能让它的灯泡熄灭?

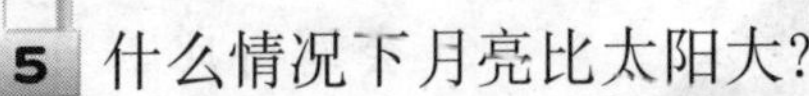
5 什么情况下月亮比太阳大?

1 喜糖。

2 母亲。

3 爱谈天的人。

4 只要等它的电池用完，灯泡就会熄灭。

5 写“明”字的时候，“月”都会写得比“日”大。

1 什么报最重?

2 什么人会一举两得?

3 小明写了一篇作文给老师批改，老师发现纸上有错别字，为什么却没有扣分?

4 当你很饿的时候，最多能吃几碗饭?

5 有一个人不小心掉进水里，整个人被淹了半个小时，却安然无恙，这是怎么回事?

1 黑板报。

2 举重冠军得到了金牌和奖金。

3 小明写错字后，已经把它划掉了。

4 不到一碗饭。因为吃了一碗饭后就不会很饿了，这时再吃饭，已不能算是在很饿的时候吃的。

5 他是一个穿戴好了潜水器具的人，他在船上滑倒，落入海里。

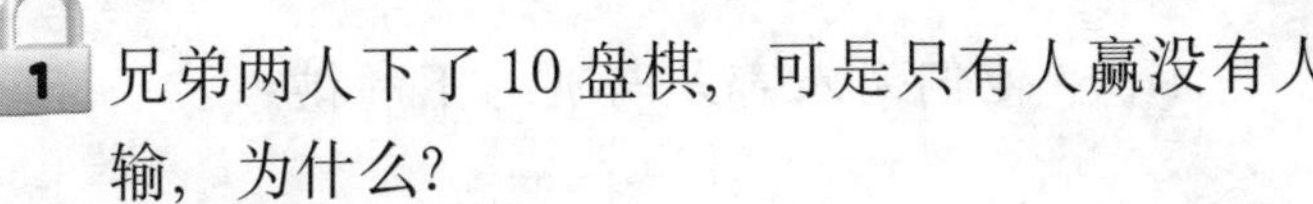

1 兄弟两人下了10盘棋，可是只有人赢没有人输，为什么?

2 什么人爱以理服人?

3 什么东西底部有一个漏洞，人们却还要往里面装液体的东西?

4 运动场上什么球最难滚动?

5 写什么字最怕张口?

1 他们两人都是与别人下的棋。

2 理发专家。

3 漏斗。

4 羽毛球。

5 写粉笔字。

1 木偶剧是什么戏?

2 什么车经常撞到人?

3 吃饭后做什么事情最好?

4 什么东西受硬不受软?

5 有一个人到外国去了, 可他所接触的每个外国人都会讲中文, 这是怎么回事?

1 拿手戏(拿在手上动的戏)。

2 玩具车。

3 擦嘴。

4 皮球。在硬地里它容易跳起，在泥地或软的东西上，它就难以跳起。

5 因为他是一个从外国来到中国的人。对他来讲，每个中国人都是外国人。

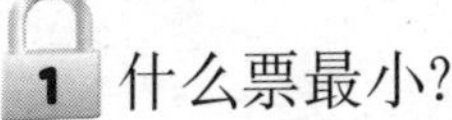

1 什么票最小?

2 什么广告最爱讲甜言蜜语?

3 小夫子见到贼来了，就爬到衣柜顶上去，为什么?

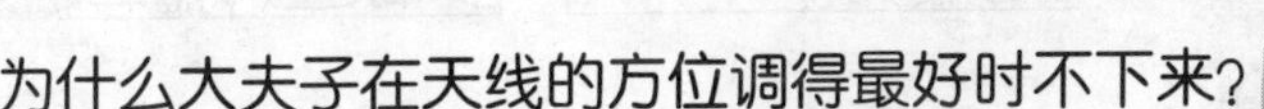

4 为什么大夫子在天线的方位调得最好时不下来?

5 什么门看的人最多?

1 邮票。

2 糖果广告。

3 如图所示。

4 如图所示。

5 天安门。

1 什么花开得最高?

2 动物园里，有哪两种不同的动物会关在一起?

3 什么笔最容易写坏?

4 什么东西与切开的梨子形状最相像?

5 老王在一条泥路上往前走，回头却看不见自己的鞋印，这是为什么?

1 雪花。

2 蛇和老鼠，老鼠是放进去喂蛇的。

3 粉笔。

4 梨子的另一半。

5 他当时没有穿鞋，所以只有脚印，没有鞋印。

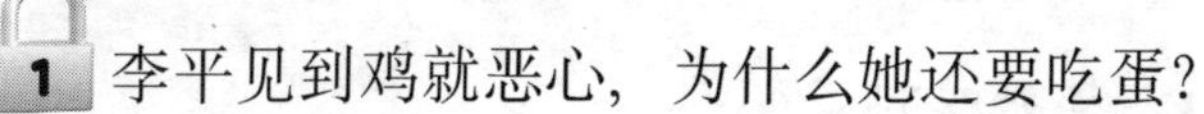

1 李平见到鸡就恶心，为什么她还要吃蛋？

2 河和江有什么区别？

3 电视台晚间新闻后报告气象预报：“今晚午夜有大雨，明天白天有阵雨，明天傍晚开始转阴，后天晴。”玩笑王听了就说48小时之后肯定不会出太阳。他为什么知道？

4 什么东西你在照片里见不到它，但你却能知道它是大还是小？

5 小明的笔、尺和橡皮都掉到地上了，尺离他最近，笔离他最远，这时他首先会做什么？

1 她吃鸭蛋。

2 河比江多两道笔画。

3 晚间新闻是在晚上播出，48 小时后正是后天晚间，所以无论如何是不会出太阳的。

4 风。看衣服或头发飘动的情况就能知道风的大小。

5 弯腰。

1 把书还到图书馆之前必须先做什么呢?

2 小强不是左撇子，却不喜欢用右手写字，为什么?

3 大热天在室外的什么地方最不容易出汗?

4 一个生鸡蛋从20米高的地方掉到泥里，却没有破，这是为什么?

5 一只啄木鸟和一只鸽子一起去送信，有什么好处?

1 从图书馆借这本书。

2 他喜欢用笔写字。

3 水里。

4 它是从水里掉进20米深的水底的泥上面。

5 信收到了，收信人会听到敲门声。

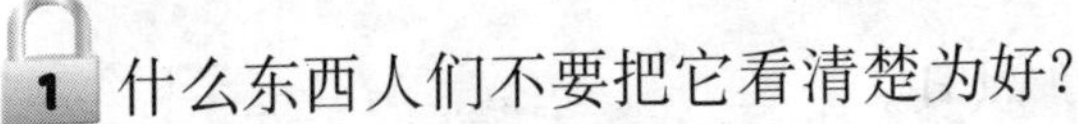
1 什么东西人们不要把它看清楚为好?

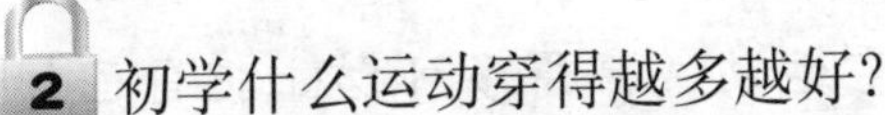
2 初学什么运动穿得越多越好?

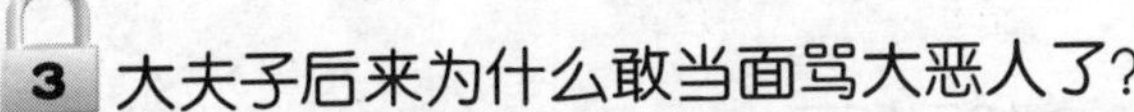
3 大夫子后来为什么敢当面骂大恶人了?

4 大夫子忽然发现嘴里的味道大变，为什么?

5 李华拿出酒杯，一口气喝了 10 杯，却没有醉，为什么?

脑筋急转弯大全

1 烈日。

2 学滑雪运动，穿得多可防止把自己摔伤跌痛。

3 如图所示。

4 如图所示。

5 他喝的是水。

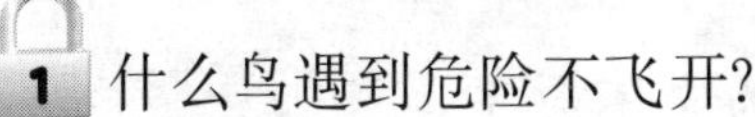

1 什么鸟遇到危险不飞开?

2 为什么现在的人越来越不相信“人算不如天算”这句话?

3 猪的尾巴什么时候会朝上?

4 下图有两个用塑料做成的数字，用这两个数字能标出最小的数字是多少?

5 李探长和王探长一起追捕一个杀人犯，李探长骑着马，王探长开着摩托车，什么东西能最快追到杀人犯?

1 鸵鸟，因为它不会飞。

2 因为现在是人算不如计算机算。

3 当人买了它提着回家的时候。

4 是“1”。把两个数字竖起来接在一起即可。

偏视图 斜视图

5 子弹。

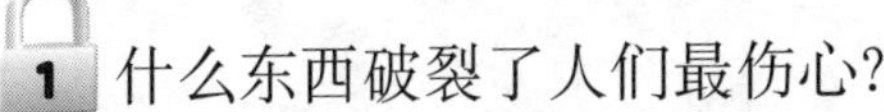

1 什么东西破裂了人们最伤心?

2 老王对老李又打又骂，老李为什么还笑个不停?

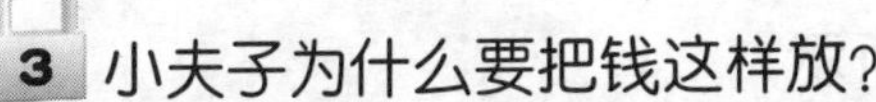

3 小夫子为什么要把钱这样放?

4 北方人喜欢穿有花的衣服还是南方人喜欢穿有花的衣服?

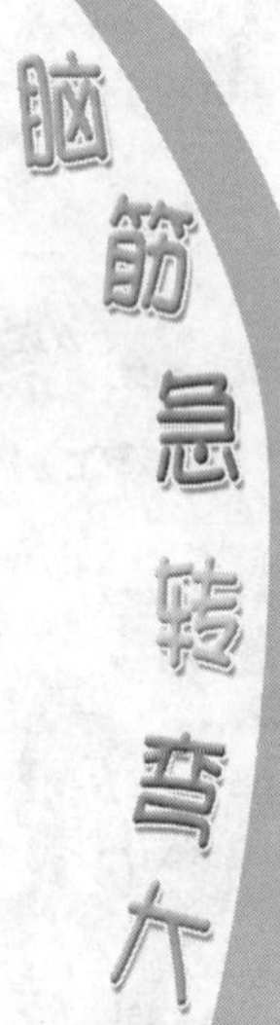

1 感情。

2 他们在拍电影。

3 如图所示。

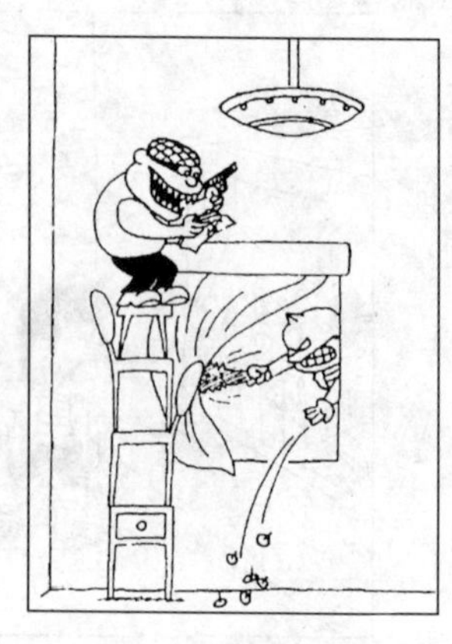

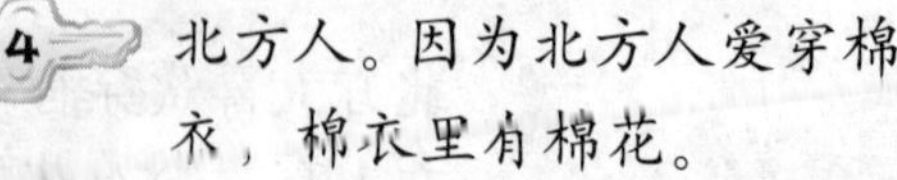

4 北方人。因为北方人爱穿棉衣，棉衣里有棉花。

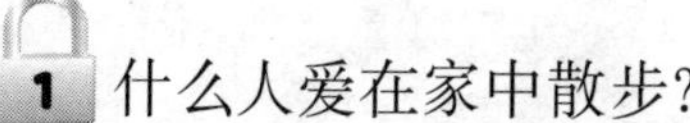

1 什么人爱在家中散步？

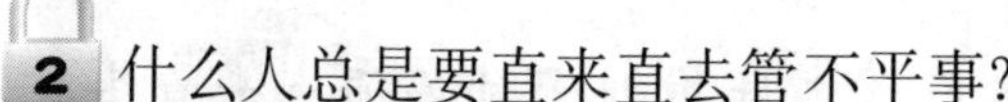

2 什么人总是要直来直去管不平事？

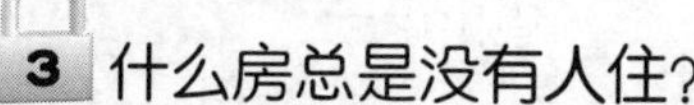

3 什么房总是没有人住？

4 玩笑王只开一枪就能打中两个并列放在他前面，相距0.5米的小汽水瓶，为什么他做得到？

5 幼小的老虎我们除了把它叫做小老虎和虎崽外，还把它们叫做什么？

1 内行的人。

2 木匠。木匠推刨子时必须直来直去把木料刨平。

3 空房。

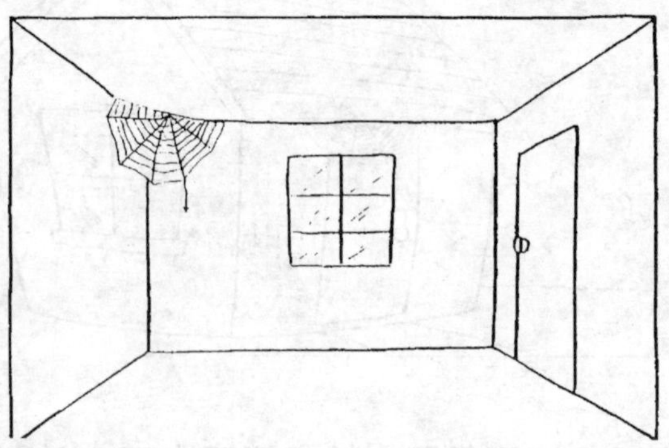

4 他用的是水枪，按一下就是一枪。由于水射出后会散开，所以能同时打中两个瓶子。

5 动物和禽兽。

1 什么人打架伤不着人?

2 什么房贼经常进去?

3 金鱼缸里，一块石头的高度正好在水的中部。怎样才能使石头的高度降到水的下部?

4 哪一句话只有诚实的人才会说?

5 有一个日本人把一条狗送到英国培训，学成归来后，无论主人命令它“坐下”还是“走”它都不肯照做，为什么?

1 正在演戏的人。

2 牢房。

3 往缸里加水即可。

4 “这钱是不是您掉下的？”

5 这条狗是用英语训练的，听不懂日语。

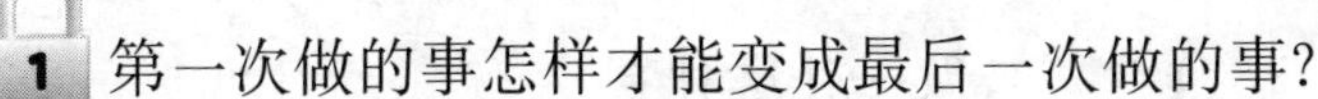

1 第一次做的事怎样才能变成最后一次做的事?

2 什么天气最容易起风和下大雨?

3 你的叔叔有个哥哥,但他不是你的叔叔,这是为什么?

4 下图有3根火柴,表示3,请移动其中一根火柴,使它变成0。

5 王军最重视亲情,李丽最重视爱情,张华最重视友情, 什么情最容易变呢?

1 只做一件这种事。

2 坏天气。

3 他就是你的爸爸。

4 1 − 1 = 0

5 表情。

1 口香糖最适合什么人吃?

2 玩笑王专门穿有洞的衬衣，为什么?

3 “当头一棒”会怎么样?

4 人的什么东西能减少而不能增加?

5 昨天，小华上王老师的课时一直站着，他并不是被老师罚站，这是为什么呢?

1 爱说脏话的人。

2 衬衣都有扣眼洞。

3 伤脑筋。

4 寿命。

5 小华是上王老师的体育课，小华整节课都在看同学比赛足球。

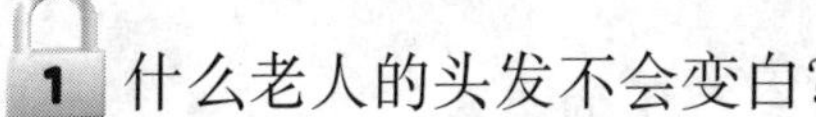

1 什么老人的头发不会变白?

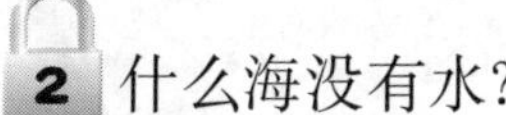

2 什么海没有水?

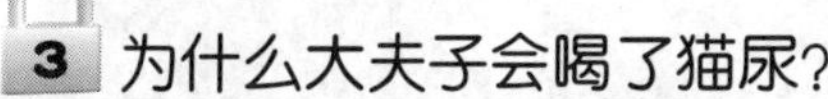

3 为什么大夫子会喝了猫尿?

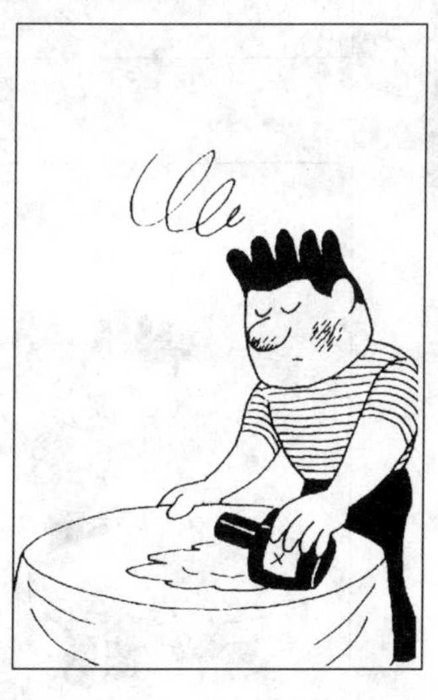

4 对什么人要经常跟马相提并论?

1 头发已经全白了的老人。

2 辞海。

3 如图所示。

 姓马的人。

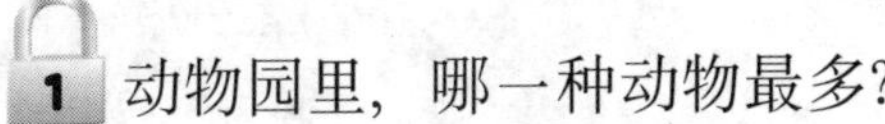

1 动物园里，哪一种动物最多？

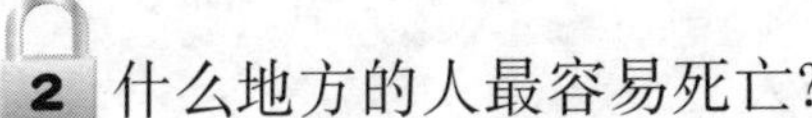

2 什么地方的人最容易死亡？

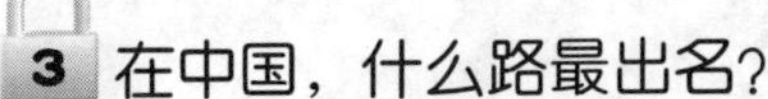

3 在中国，什么路最出名？

4 怎样用3根火柴组成一个外形最小的数字？

5 小华今天牙痛，但他仍要吃菜，他的桌前有一条鱼，一盘鸡肉，一盘白菜，你猜他的牙一定会咬什么东西？

1 蚂蚁。

2 医院里的人。

3 京广铁路。

4 如图所示把3根火柴叠放起来，3根火柴底面产生的两条缝就能表示一个“二”字。

5 咬筷子。

1 大力士提小篮是怎么回事?

2 为什么人们要去市场买猪肉?

3 什么蛋人们一定要保护好?

4 什么火看不见?

5 什么东西浑身是胆?

1 不费事。

2 因为猪不会自己上人们家里。

3 脸蛋。

4 怒火。

5 热水瓶。

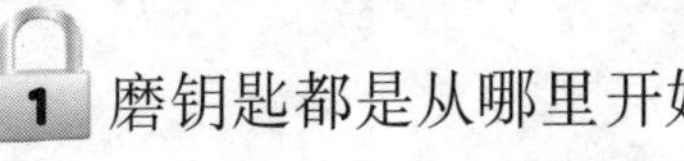

1 磨钥匙都是从哪里开始磨的?

2 什么人要多多保重?

3 一名双眼失明的中年人跟一名身体健全的青年赛跑，失明人却赢了，这是怎么回事?

4 射击时，什么东西最容易打中?

5 小明的一双新鞋买大了，他该怎么办才能使新鞋穿起来大小刚好?

1 钥匙表面。

2 越来越瘦的人要多多保住体重。

3 那是在伸手不见五指的晚上赛跑。

4 灰尘。

5 等长大一些再穿。

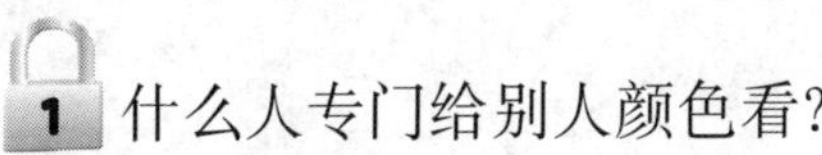

1 什么人专门给别人颜色看?

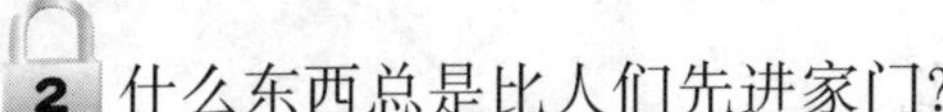

2 什么东西总是比人们先进家门?

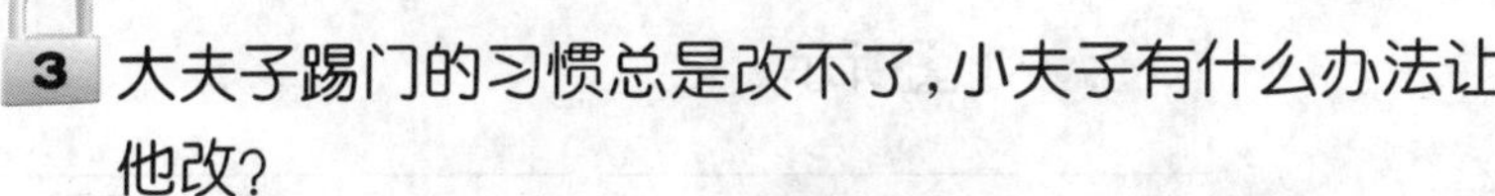

3 大夫子踢门的习惯总是改不了，小夫子有什么办法让他改?

4 大夫子希望脸看起来白一些，最简便的做法是什么?

5 在动物园中，大象的耳朵最大，耳朵第二大的是什么动物?

1 画家。

2 钥匙。

3 如图所示。

4 如图所示。

5 小象。

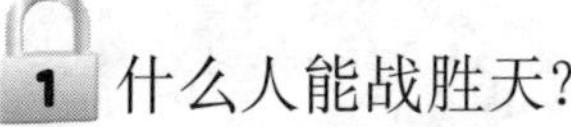

1 什么人能战胜天?

2 老师让顽皮仔说出两样含有牛奶的东西，顽皮仔的回答是什么呢?

3 电影院里正在上演一部很出色的恐怖片，很多人都被吓得尖叫起来，只有小德一直哈哈大笑，为什么?

4 为什么玩笑王在抢答比赛时得了零分，却是第一名呢?

5 什么花人人都不喜欢见到?

1 人造雨的设计者。

2 两头奶牛。

3 小德是这部电影的导演，他能把观众吓得大喊大叫，当然很高兴啦。

4 因为答对题会增分，答错题会倒扣分，答对与答错的题目相等就等于零分。其他参赛者都是答错的比答对的多，造成玩笑王得了零分却是第一名。

5 葬礼用的花。

1 什么米是红色的?

2 什么东西人人见过却永不再见?

3 香蕉皮有什么用处?

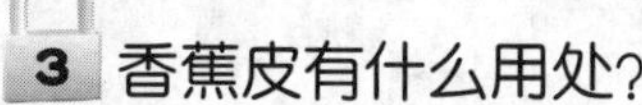

4 你有办法使图中玻璃缸里的鱼的活动空间大一点吗?

5 李平在去公园的路上碰到两个好朋友,每个人都带了太太,每个太太怀里都抱着一个孩子，请问共有多少人前往公园?

1 虾米。

2 昨天。

3 用来包住香蕉。

4 把玻璃缸斜着放(如图)。

5 能确定的只有李平一人，其他的人不一定去公园。

1 怎样避免爆发第四次世界大战?

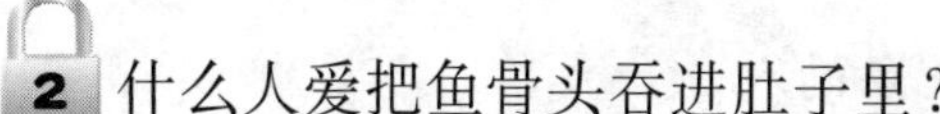

2 什么人爱把鱼骨头吞进肚子里?

3 什么东西一躺下就变小?

4 向别人道歉前要先做什么?

5 手扶长的，脚踩短的，这是在做什么?

1 不要发生第三次世界大战。

2 吃罐头鱼的人。

3 "11"躺下就变成了"="。

4 先做别人不喜欢你做的事。

5 爬梯子。